닥터 K의 찐 천재 실험실

KAY'S BRILLIANT BRAINS

Text copyright © Adam Kay, 2023
Illustration copyright © Henry Paker, 2023

First published as KAY'S BRILLIANT BRAINS in 2023 by Puffin,
an imprint of Penguin Random House Children's.
Penguin Random House Children's is
part of the Penguin Random House group of companies.

Korean translation copyright © 2024 by Will Books Publishing Co.
Korean translation rights arranged with PENGUIN BOOKS LTD. through
EYA Co.,Ltd

- 이 책의 한국어판 저작권은 EYA Co.,Ltd를 통한
PENGUIN BOOKS LTD와의 독점 계약으로 ㈜윌북이 소유합니다.

- 저작권법에 의하여 한국 내에서 보호를 받는 저작물이므로
무단 전재 및 복제를 금합니다.

닥터 K의 찐 천재 실험실

바보인 줄 알았는데 천재로 밝혀진 두뇌 대탐험

애덤 케이 쓰고

헨리 패커 그림

박아름 옮김

윌북 주니어

내 골에 언제나 아주 유용한 조언을 해주시는
프루넬라 고모할머니께 이 책을 바칩니다.

이 책을 쓰는 동안 내 노트북에 똥을 딱 한 번만 싼
강아지 피핀에게도 이 책을 바칩니다.

잠깐. 두 번이잖아?
피핀!

차례

들어가는 말	◇ 9
알베르트 아인슈타인 Albert Einstein	◇ 15
에이다 러브레이스 Ada Lovelace	◇ 31
토머스 에디슨 Thomas Edison	◇ 45
그레타 툰베리 Greta Thunberg	◇ 59
마리아 텔케스 Maria Telkes	◇ 71
캐서린 존슨 Katherine Johnson	◇ 81
팀 버너스리 Tim Berners-Lee	◇ 95
어밀리아 에어하트 Amelia Earhart	◇ 109
자나키 암말 Janaki Ammal	◇ 121
크리스천 버나드 Christiaan Barnard	◇ 131
주인공은 너	◇ 143
감사의 말	◇ 147

찐천재의 이름을 맞혀라!	◇ 149
정답 공개	◇ 155

들어가는 말

지금 하는 거 잠깐 멈춰 봐. 아니, 숨까지 멈추지는 말고. 다른 건 다 멈춰. 잠깐잠깐, 책 읽기도 멈추면 안 되지. 굉장한 소식을 하나 알려줄게. 언젠가 **네**가 세상을 바꿀 수 있다는 거야!

네가 악기 연습하느라, 지리 숙제를 하느라, 병에 대고 방귀 뀌느라(이 중에 자주 하는 걸로 골라봐.) 눈코 뜰 새 없이 얼마나 바쁜지 알아. 그런 네가 원하기만 한다면 얼마든지 세상

을 바꿀 수 있어. 세상은 네 발바닥 안에 있거든.

'발바닥이 아니라 **손바닥**이겠지. 학교는 다녔니? —프루넬라

네 키가 크든 작든, 여자든 남자든, 어떤 언어를 쓰든, 궁전에 살든 아파트에 살든, 방귀를 얼마나 자주 뀌든 상관없어. 평범한 너도 세상을 바꿀 수 있다는 게 중요하지!

그걸 어떻게 아느냐고? 나는 지금까지 이 지구에 살았던 사람 1000억 명의 삶을 일일이 살펴봤거든(주말 내내 그러느라 얼마나 바빴는지 몰라). 세상을 바꾼 똑똑한 사람 열 명을 뽑아 봤더니 한 가지 공통점이 있었어. 그게 뭘까? 맞았어, 모두가 코를 후볐다는 거야. 그것 말고 공통점이 하나 더 있더라? 모두 평범하게 살다가 어느 날 갑자기 "아! 좋은 생각이 떠올랐어!" 하더니 누에고치에서 아름다운 나비가 날아 나오듯이, 여드름에서 고름이 솟구치듯이 똑똑함을 세상에 뽐냈다는 거야.

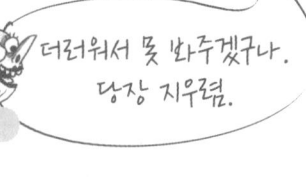

더러워서 못 봐주겠구나. 당장 지우렴. —프루넬라

열 명 모두는 태어나자마자 똑똑하지 않았어. 엄청나게 노력했고 어떤 어려움이 있어도 절대 포기하지 않았지. 기저귀를 차고 다닐 때부터 갑자기 〈모나리자〉를 그리거나 인터넷을 발명한 사람은 없었다니까? 내 말 진짜야!

우리가 곧 만날 어밀리아 에어하트는 아주 작은 비행기를 타고 혼자 드넓은 바다 위를 날아간 사람이야. 그 시절의 비행기는 오래된 나무로 엉성하게 만들어져서 금방이라도 부서질 것 같았어. 그 허술한 비행기에서는 당연히 영화를 감상하거나 음악을 들을 수조차 없어서 비행에만 집중해야 했지.

토머스 에디슨은 어떨까? 세상에서 가장 유명한 발명가가 되었지만 열두 살 때 학교를 그만두었어. 그런데도 영화 카메라를 멋지게 발명했지. 전구도, 음악을 녹음하는 법도 알아냈고 말이야. 집에서 음악을 들을 수 없다고 상상해 봐. 음악을

듣고 싶을 때마다 가수를 불러야 한다면 얼마나 불편하겠니? 아, 물론 불려온 가수도 집집마다 노래를 부르러 다니고 싶지 않겠지만 말이야.

에이다 러브레이스라는 사람도 대단해! 이 사람은 또 누구냐고? 역사상 가장 똑똑한 사람 가운데 한 명이라고 할 수 있지. 절대 내 이름 애덤Adam과 글자가 비슷해서 에이다Ada를 고른 건 아니야. 에이다의 아빠는 굉장히 돈이 많고 유명한 시인이었어. 사람들은 잘난 아빠 덕분에 에이다가 평생 아무 일도 하지 않고 빈둥거려도 잘 먹고 잘 살 수 있다고 생각했지. 하지만 에이다는 다르게 생각했나 봐.

"말도 안 되는 소리! 난 연구와 일을 계속 하고 싶어."
에이다가 살던 때는 지금으로부터 약 200년 전, 아직 컴퓨터가 발명되지도, 여자가 일할 수도 없었던 때였어. 모두가 안 된다고 말렸지만 에이다는 포기하지 않았어.

똑똑한 인물을 꼽을 때 절대 빼놓을 수 없는 중요한 사람은 또 있어. 바로 나야, 나!

나는 역사에서 가장 위대한 작가일 뿐만 아니라 세상에서 가장 완벽한 (그리고 유일한) 로봇 도우미인 도우미트론-6000을 발명한 천재이기도 해.

웃기는 소리. 넌 우리 가족 중에서도 꼴찌잖니.

프루넬라

이 책에서는 네가 닮고 싶을 만큼 똑똑한 사람들의 이야기를 살펴볼 거야. 그들도 너와 똑같았어. 평범하게 소파에 앉아 책을 읽거나 엉덩이를 벅벅 긁으면서 저녁밥은 언제, 무엇을 먹을까 고민했지. 지금부터 세상을 바꾼 찐천재들을 더 알고 싶다면 계속 책장을 넘겨보도록. 미안하지만 관심 없다고? 흠, 그렇다면 이 책을 왜 들고 있는지 모르겠다.

프루넬라: 나도 **내가** 왜 이 책을 읽고 있는지 모르겠구나.

참고로 저녁 먹을 시간은 6시 30분! 메뉴는 바나나 라자냐! 피핀도 토할 만큼 좋아하는 특별한 메뉴야.

알베르트 누구슈타인?

알베르트 아인슈타인이 없었더라면 사람들이 우주에 대해 아는 거라곤 아래 네 가지뿐일 거야.

1. 꽤 크다.
2. 별이 많다.
3. 꽤 크다고 벌써 이야기했던가?
4. 그게 전부다.

엄청나게 똑똑한 아인슈타인이 우주에 감춰진 수많은 비밀을 발견해서 얼마나 다행인지 몰라. 블랙홀뿐만 아니라 내 양말이 자꾸 사라지는 이유도 알아냈지.

이걸 알아낸 사람은 아인슈타인이 아니라 바로 나란다. 네 개가 씹어 먹고 있더구나.

알베르트 아인슈타인은 역사에서 손꼽히는 유명한 과학자야. 달을 발견한 브렌다 문보다 훨씬 유명하지(브렌다 문은 사실 내가 만들어낸 사람이야. 문Moon이 '달'이라는 뜻이잖아. 여기에 '브렌다'라는 그럴듯한 이름을 붙였지롱). 아인슈타인

은 머리 모양과 수염만 봐도 한눈에 알아볼 수 있을걸? 한번 볼래?

어때, 이 책의 그림 작가인 헨리가 눈 감고 발로 그린 그림을 봐도 한눈에 아인슈타인인 줄 알 수 있지?

오른쪽이 브렌다 문을 그린 그림이야.

영국에서는 질투가 날 정도로 똑똑한 사람을 클레버 클록스 clever clogs라고 불러. 클레버는 '영리하다, 번드르르하다'라는 뜻이고 클록스는 '나막신'이라는 뜻이야. 아인슈타인은 굉장한 '클레버 클록스'였어. 그래서 사람들은 아인슈타인이라는 이름을 '천재'라는 뜻으로 쓰기도 해. 그러니까 누가 너를 아인슈타인이라고 부르면 고맙다는 인사를 절대 잊지 마. 난 하루에 서른여덟 번씩 아인슈타인이라고 불리거든.

클레버 클록스

아주 번드르르한 나막신

아인슈타인은 다섯 살 때 아빠에게 나침반을 선물로 받았어. 그때 뭐라고 말했을까?
"아빠, 왜 이렇게 이상한 선물을 사오셨어요? 난 게임기를 갖고 싶단 말이에요!"

이렇게 말했을까? 아인슈타인은 네 생각과 다른 반응을 보였어. 아빠에게 나침반을 선물받고 무척 기뻐했거든. 나침반은 어느 쪽으로 돌리든 바늘이 언제나 북쪽을 가리키는 도구야. 아인슈타인은 나침반의 바늘이 왜 그런지 이유를 알고 싶어서 계속 관찰했어. 아주 호기심이 많은 친구였지. 선물을 준다고 하면 게임기를 기대하는 친구들이 더 많지 않니? 물론 그 당시에는 게임기가 없었지만 말이야. 참고로 게임기는 120년 뒤에야 발명됐단다.

아인슈타인은 수학과 과학 성적이 매우 뛰어났지만 학교를 좋아하지 않았어. 학교에 쓸데없는 규칙이 너무 많다고 생각했거든. 솔직히 나도 같은 생각이야. 복도에서 뛰지 마라, 껌 씹지 마라, 강당에서 똥 누지 마라, 지켜야 할 규칙이 엄청나게 많잖아. (지키지 않아도 되면 규칙이 아닌가?) 게다가 무얼 재미있어하고 얼마나 더 알고 싶고 잘 이해하고 있는지와 상관없이 머릿속에 무작정 지식을 넣기만 하는 수업을 싫어했어. (혹시 아인슈타인은 게임하기보다 어려운 수학 문제를 풀릴 때까지 연구하기 뭐 이런 걸 좋아했을까? 으웩!)

학교 수업에 가는 대신 아인슈타인이 무얼 했는지 아니? 엄청나게 복잡한 수학에 푹 빠져 있거나(윽, 내 말대로였잖아!) 바이올린을 연주하며 시간을 보냈어. 나 같으면 공원에 가서 맛있는 바닐라 짜장 아이스크림을 먹으며 뒹굴거렸을 텐데 말이야.

사실 아인슈타인은 모든 면에서 뛰어나지 않았어. 선생님들은 아인슈타인을 기억력이 형편없는 학생으로 여겼어. 말도 못하고 산만해서 '아무것도 되지 못할 아이'라고도 생각했지. 프랑스어 시험도 낙제였고 말이야.

"지트 알로르!" (나처럼 프랑스어를 끝내주게 잘하지 못한다면 이게 무슨 뜻인지 모를 거야. '지트 알로르'는 '앗, 이런!'이라는 뜻이야.)

천재의 시간

험난한 학창 시절을 보낸 아인슈타인은 수학 및 물리학 교육을 공부해 대학을 졸업했어. 하지만 공부한 내용과 전혀 관계없는 보험 회사의 일자리를 얻었지. 생활은 곧 어려워졌어. 월급이 쥐꼬리만 했거든! 결국 먹고살기 위해 제일 잘하는 수학과 과학 과외 자리를 구하는 광고를 신문에 내야 했어. 몇 학년이든 철저하고 꼼꼼하게 가르쳐준다면서 말이야! (와우, 찐천재에게 배울 수 있다니 세계 최강의 과외잖아!) 똑똑했지만 알기 쉽게 잘 가르치지는 못했는지 과외 일도 오래 하지 못했어. 게다가 과외 광고를 냈다는 것을 들켜서 다니던 보험 회사에서도 잘리고 말았지.

일자리를 잃은 아인슈타인은 친구를 통해 다시 일할 기회를 얻어. 그렇게 구한 직장이 스위스에 있는 특허청이었어. 특허청은 누군가가 굉장한 것을 발견하거나 발명했을 때(내 접시에 있는 맛없는 버섯 요리를 모조리 없애주는 기계를 발명했을 때처럼 말이야) 자신이 찾아내거나 만든 물건 또는 기술이라고 특별히 허락을 받는 곳이야. 이를 '특허'라고 해. 이렇게 특허를 받으면 못된 발명가가 소중한 아이디어를 훔쳐가는 걸 막을 수 있어. (애덤의 놀라운 버섯 제거기 9000의 아이디어만큼은 훔치지 말아 줘.)

아인슈타인은 특허청에서 발명가들을 만나는 일을 좋아했어.  그러다 발명가들에게 조금 질투가 났는지(너도 지금 내 버섯 제거기 9000을 질투하고 있지? 그렇지?) 이것저것 연구하며 엄청난 일들을 해냈지.

아인슈타인은 빛의 속도가 세상에서 가장 빠르다는 것을 증명했어. 혹시 빛보다 빨리 달려본 적이 있니? 나는 집에 있을 때면 침실 조명의 깜빡이는 빛보다 훨씬 더 빨리 달리는 게 일이야. 그래서인지 아인슈타인이 대체 무슨 말을 하는지 잘 모르겠다니까?

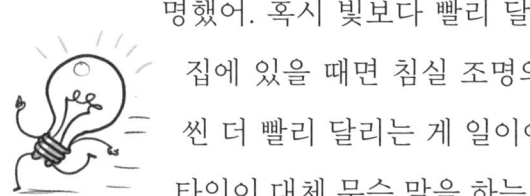

아인슈타인은 우주에 블랙홀이 있다는 사실도 예측했어. 블랙홀에서 홀hole은 '구멍'이라는 뜻이야. 그 안은 중력(물체가 서로 끌어당기는 힘)이 아주 강력해서 빛조차 빠져나오지 못하거든. 그래서 '블랙홀'이라는 이름이 붙었지.

그가 빛에 관한 여러 가지 사실을 발견하지 못했다면 큰일 났을 거야. 레이저를 사용할 수 없었을 테고 레이저 프린터도 만들지 못했을 테니 말이야. 마트에서 계산할 때 삐, 삐, 소리를 내는 기계도 없었겠지?

아인슈타인은 그 유명한 상대성이론도 만들었어. 상대성이론의 공식은 바로 이거야.
$E=mc^2$ (제곱)

공식에서 E는 에너지energy의 E, m은 질량mass의 m이지. 마지막 c는 뭘까? 어른들에게 한번 물어봐. 혹시 어른들이 모른다고 하면 어떻게 하냐고? 머리 위에 망고를 올려놓고 계단에 앉아서 10분 동안 떨어뜨리지 않는 벌칙을 받으라고 해. 그런데 c가 뭐냐고? 혹시 양배추cabbage일까? 아니면 구름cloud? 아니면 컴퓨터computer? 혹시 솜사탕cotton candy인가?

c는 바로 '빛의 속도'야. $E=mc^2$은 빛의 속도를 두 번 곱하고 질량을 곱한 값이 에너지라는 뜻이야. 물체가 가진 에너지 공식이라고 보면 돼. 아인슈타인은 물체가 에너지로 바뀔 수도 있고 에너지가 물체로 바뀔 수도 있다고 했어. 이게 대체 무슨 소리인가 싶지 않니? 물체와 에너지 광선이 똑같다는 말인가……? 나도 네가 무슨 생각을 했는지 이해해. 레고 블록과 광선이 어떻게 똑같을 수 있겠어? 하지만 굉장한 천재가 그렇

게 말했다니까 나도 어쩔 수가 없네. 어쨌든 아인슈타인의 이론으로 우리는 우주를 훨씬 더 많이 알 수 있게 되었어. 또 아인슈타인은 광전 효과로 노벨상도 받았지. 노벨상이 혹시 아카데미상 같은 거냐고? 이 상은 영화를 잘 만든 사람이 아니라 세상을 돕거나 과학 발전에 힘쓴 사람에게 주는 상이야. 엄청나게 유명해진 아인슈타인은 전 세계를 돌며 수많은 사람에게 연구하고 발견한 것들을 설명하기도 했어. 이때 노래를 곁들였다면 참 좋았겠다. 설명만 했다면 지루했을 테니까.

이 책만큼 지루하진 않았을 거다.
프루넬라

나처럼 유명한 사람 누구나 그렇듯이 아인슈타인도 팬들에게 편지를 아주 많이 받았어.

흥, 칫, 뽕이구나.
프루넬라

아인슈타인은 연구와 강의로 굉장히 바빴지만 모든 편지에 답장하려고 노력했어. 특히 어린이들이 보낸 편지에는 꼭 답장했지. 무려 1만 4000통이 넘는 편지를 썼다니 정말 대단하지? 나도 편지를 받으면 꼭 답장하려고 노력하는데 가끔은 프루넬라 고모할머니에게 대신 써달라고 부탁하기도 해(쉿, 이

건 비밀!). 받아보면 누가 썼는지 알 수 있을걸? 프루넬라 고모할머니는 늘 나를 나쁘게 이야기하고 글씨도 엄청 못 쓰시거든.

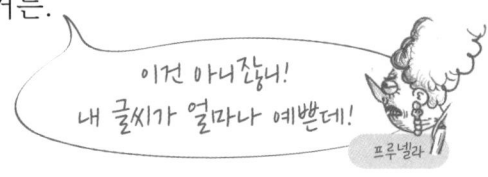

아인슈타인은 평생 연구를 멈추지 않았어. 1955년에 시간 여행을 연구하다가 세상을 떠났지. 그가 과거로 돌아가는 방법을 끝내 알아내지 못해서 참 안타까워. 방법만 알아냈다면 두 시간 전으로 돌아가서 말썽쟁이 피핀이 새 운동화에 토한 걸 핥아먹고 다시 토하는 걸 막았을 텐데 말이야.

참일까 똥일까?

아인슈타인은 마지막으로 이런 말을 남겼다?
"다른 사람들을 위해 사는 삶만이 가치 있는 삶이다."

<u>똥</u> 그런 말을 하긴 했는데 마지막으로 남긴 말은 아니야. 세상을 떠나기 한참 전에 한 말이지. 아인슈타인은 눈을 감기 전에 간호사의 귀에 마지막 말을 속삭였어. 안타깝게도 독일어로 말했지 뭐야? 그 간호사는 영어만 알고 독일어는 전혀 몰랐거든. 그래서 그가 마지막으로 무슨 말을 남겼는지 아무도 알 수 없어. "호플라!(나만큼 독일어를 끝내주게 잘하지 못하는 너를 위해 무슨 말인지 알려줄게. '호플라!'는 '아이고!'라는 뜻이야.)"

이것도 인터넷에서 찾았겠지.
프루넬라

아인슈타인의 뇌는 어마어마하게 크다?

<u>똥</u> 아인슈타인은 엄청나게 똑똑했으니 뇌도 엄청나게 컸을 거라고 생각하니? 사실은 보통 사람의 뇌보다 작았어. 뭐 놀라운 사실은 아니야. 과학자들은 뇌가 작은 사람이 큰 사람보다

똑똑할 수도 있다는 사실을 알아냈거든. 그런데 '항상' 그렇지는 않아. 우리 피핀은 뇌가 아주 작은데 자동차와 소를 구별하지 못한다니까? (내가 몇 번이나 설명해줬거든. 음메, 울면서 똥을 싸는 게 자동차라고 말이야. 엇, 잠깐. 이게 아닌가?)

아인슈타인의 뇌는 크기가 작아도 보통 사람들의 뇌와 조금 달랐어. 불룩하게 솟은 부분이 하나 더 있고 좌뇌(왼쪽 뇌)와 우뇌(오른쪽 뇌)가 다른 사람보다 두 배 더 가깝게 이어져 있었지. 그런데 이런 특징이 무엇을 뜻하는지 알 만큼 똑똑한 사람이 아무도 없지 뭐야? 아인슈타인이라면 알아냈을 텐데 이미 세상을 떠났잖아. 정말 아쉬워.

알베르트 아인슈타인

이제 나한테만큼은 진심인 내 로봇 도우미에게 거짓말 탐지기를 켜보라고 할게.

거짓말 탐지기

다음에서 애덤의 헤어스타일만큼 우스꽝스러운 것은?
무슨 소리! 내 헤어스타일이 어때서! 이 머리 모양에 얼마나 공을 들였는데.

1. 아인슈타인은 앵무새 비보를 키웠다.
2. 영화 〈스타워즈〉 시리즈에 나오는 루크 스카이워커는 아인슈타인을 본뜬 인물이다.
3. 아인슈타인은 양말 신기를 싫어해서…… 안 신었다!

정답은 2. 즉 루크 스카이워커는 본래 유명한 인물이 아인슈타인을 본뜬 인물이 아닙니다. 아인슈타인이 키웠던 앵무새 이름은 비보가 맞습니다.

똑똑한 명언

간단하게 설명할 수 없다면 충분히 알지 못하는 것이다.

선생님께 이렇게 말하면 절대 안 돼. 그랬다가는 졸업할 때까지 나머지 공부를 해야 할지도 몰라.

에이다 누구레이스?

우리 삶에서 과자와 방학 다음으로 놀랍고 멋진 게 있다면 컴퓨터가 아닐까?

아차! 개도 놀랍고 멋진 존재지. 미안, 피핀.

알았어요, 알았다고요. 우리 가족도 모두 멋지답니다. 컴퓨터는 우주로 로켓을 쏘아 올리고 내일 날씨가 어떨지 알려줄 뿐만 아니라 교통 신호를 바꿔주기도 해. 하지만 이보다 훨씬 더 중요한 기능은 따로 있어. 레이저 광선 총으로 외계에서 온 바닷가재를 쏘는 게임을 즐기게 해준다는 거지. (싸다, 싸! 인기 대폭발 게임 〈외계 바닷가재의 모험〉을 애덤 케이의 게임 숍에서 단돈 50만 원에 판매 중! 서두르지 않으면 살 수 없다고!) 컴퓨터가 이런 놀라운 일을 할 수 있으려면 무엇을, 어떻게 해야 할까?

앞서 이야기한 다양한 일을 해낼 수 있도록, 컴퓨터가 알아들을 수 있는 말로 누군가가 컴퓨터에게 알려줘야 해. (컴퓨터가 대단하다고는 해도 명령을 알아듣지 못하면 빈 깡통일 거야. sjsms ajdcjddl qkqhdi! 내가 지금 뭐라고 했게? 못 알아듣겠지?) 이런 일을 하는 사람이 '프로그래머'야. 역사상 최초의 프로그래머는 러브레이스 백작부인인 '어거스터 에이다 킹Augusta Ada King'이라는 인물이야. 이름이 조금 길지만 친구들은 '에이다 러브레이스'라고 불렀을 거야.

에이다는 1815년에 태어났어. 그러고 보니 우리 프루넬라 고모할머니보다 겨우 몇 년 먼저 태어났네?

에이다가 살던 시대의 남자들은 여자들이 남자만큼 똑똑하지 않다고 믿었어. 당연히 터무니없는 이야기지. 이런 걸 '성차별'이라고 해. 삐! 이것 봐, 내 성차별 알람이 울리고 있네. 그 시대의 남자들은 여자가 집에만

머물면서 집안일을 하며 가족을 돌봐야만 한다고 생각했어. 직업을 가져서도 안 된다고 생각했지. 삐! 삐!

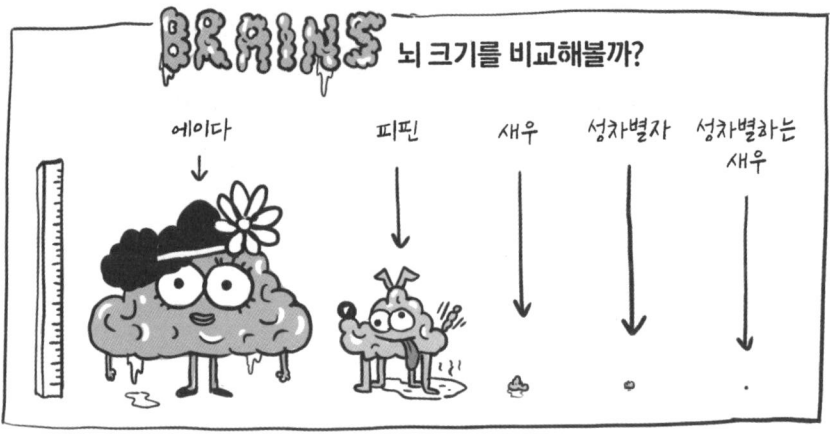

에이다는 그런 멍청한 남자들을 신경 쓰지 않았어. 에이다가 이렇게 똑똑하게 행동하지 않았다면 우리는 지금 컴퓨터를 사용하지 못했을지도 몰라. 그리고 〈외계 바닷가재의 모험〉도 즐길 수 없었을 테지(특별 이벤트 – 여섯 개를 사면 하나를 덤으로 드립니다).

아빠가 유명한 사람이라면 어떨 것 같니? 우리 아빠가 BTS 멤버라거나 엄마가 아카데미상을 받은 유명 영화배우라면 어떨까? 우리 아빠는 햄버거 많이 먹기 대회에서 한 시간에 햄버거를 열다섯 개나 먹고 우승한 적이 있었대. 그래서 아빠가 유명해졌는지는 잘 모르겠어. 정말 다른 의미로 위대한 분이지?

에이다의 아빠는 영국에서 유명한 시인인 조지 고든 바이런 George Gordon Byron이었어. 1만 6000행이나 되는 아주 긴 「돈 후안」이라는 시가 그의 대표적인 작품이지. 누가 나한테 시가 어떻냐고 물어봤다면 1만 5990행쯤 줄이면 좋다고 말해줬을 텐데.

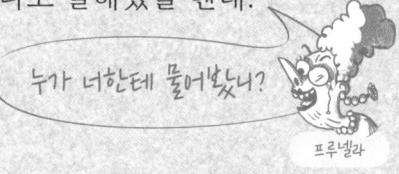

에이다의 부모님은 에이다가 아주 어릴 때 헤어졌어. 아빠인 바이런은 멋진 시를 남길 만큼 글재주가 뛰어났지만 가족에게 충실하지 않았어. 엄마는 에이다가 아빠처럼 너무 자유롭고 낭만만 좇는 꾀죄죄한 시인이 되지 않기를 바랐어. 그래서 문학을 배우지 못하게 했지. 그 대신 영국에서 가장 훌륭한 수학과 과학, 언어 선생님을 모셔서 에이다를 가르쳤어. 놀랍게도 교육은 효과가 있었어! 학교에 다니지 않았지만 에이다는 수학에 푹 빠졌고 평생 시를 한 편도 쓰지 않았거든. 에이다 같은 이름으로 무슨 운율을 만들었겠니? 굳이 만들면…… 흠, 너이다?

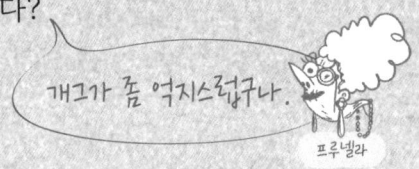

개그가 좀 억지스럽구나.
프루넬라

훌륭한 선생님들과 공부할 수 있었지만 에이다는 몸이 건강하지 못했어. 홍역을 심하게 앓은 탓에 온몸이 굳어 침대에 누워 지내야 했지. 간신히 나은 이후에도 1년 동안 목발에 기대어 겨우겨우 걸을 수 있었다고 해. 병은 에이다를 괴롭혔지만 넘쳐나는 호기심을 막지 못했어. 에이다는 여자들이 해서는 안 된다는 일이나 공부에 더욱 관심을 가졌거든.

천재의 시간

1833년, 열일곱 살이던 에이다는 찰스 캐비지 교수를 만났어. 앗, 미안. 찰스 배비지구나. 이 이름만 들으면 양배추를 뜻하는 '캐비지cabbage'가 자꾸 떠올라서 말이야.

~~양배추~~ 배비지 교수는 '차분기관'이라는 기계를 발명했어. 차분기관은 구식 컴퓨터라고 할 수 있지. 오늘날 우리가 사용하는 컴퓨터와는 완전히 달라. 노트북처럼 무릎 위에 올려놓고 동영상을 보는 건 상상할 수도 없었어. 차분기관을 무릎 위에 올려놓는 순간 그 아래 깔려버릴 테니 말이야. 네가 앉은 소파도 함께 부서지고 말걸?

차분기관은 코끼리만큼 크고 무거웠어. 톱니와 바퀴 그리고

다른 조그만 장치 수천 개로 만들어졌거든. 이 기계는 손잡이를 돌려 움직이면 덧셈을 해줬어.

에이다는 ~~양배~~ 배비지 교수가 만든 컴퓨터를 보고 무척 감동했어. 그러자 배비지 교수는 만들고 싶어 했던 새로운 컴퓨터의 설계도를 보여줬어. 이 컴퓨터의 이름은 해석기관이었지. 차분기관보다 훨씬 크고 무거웠고 기억장치와 출력기까지 갖춘 기계였어. 아쉽게도 아이스크림 제조기는 들어있지 않았지만 말이야. 기계에 푹 빠진 에이다는 배비지 교수가 하는 연구를 돕기로 했어.

당시는 여자가 대학교에서 공부하기 힘든 때라고 말했던가? 에이다는 온갖 어려움에도 배비지 교수의 집을 방문해 일을 도왔어. 넘치는 호기심과 독창적인 생각으로 ~~양배~~ 배비지 교수를 놀라게 했지. 배비지 교수는 에이다를 '숫자의 마술사'라고 부르며 감탄했다고 해. 에이다는 ~~양배~~ 배비지 교수의 설계도를 보고 이렇게 생각했어.
'이런 기계를 만들어도 명령할 언어가 없다면 무슨 의미가 있을까?'

이를테면 네게 노트북이 있다고 해볼게. 그 컴퓨터로 게임

〈외계 바닷가재의 모험〉을 즐길 수 없다면 얼마나 아쉽겠니? (〈외계 바닷가재의 모험 2: 게의 복수〉가 내년에 나옵니다! 지금부터 저축하세요. 단돈 99만 9999원!)

에이다는 나중에 컴퓨터가 덧셈 말고도 많은 일을 할 수 있다는 사실을 일찌감치 깨달았어. 컴퓨터로 여러 문제를 해결하고 작곡도 할 수 있다고 생각했다니 정말 대단하지? 에이다의 생각은 당연히 옳았지만 따분한 남자들은 조금도 그 생각을 믿지 않았어. 삐! 삐!

에이다는 해석기관을 실제로 만들어 보려 했지만 쉽지 않았어. 만드는 방법을 연구하려면 많은 자료를 볼 수 있는 도서관에 가야 했거든. 그런데 여자들은 도서관을 이용할 수 없었지

뭐야? 삐이이이이! 하지만 에이다는 상관하지 않았어. 되는 대로 집에서 계속 연구하며 해석기관으로 할 수 있는 놀라운 일들을 줄줄이 써 나갔어. 그리고 오늘날의 프로그래밍 언어에서 쓰이는 다양한 명령문 개념을 처음으로 만들었단다. 그것도 여러 개나 말이야! 아쉽게도 인기 게임 〈외계 바닷가재의 모험〉은 생각하지 못했지만.

그렇다면 에이다는 전설적인 과학자나 프로그래머로 인정받았을까? 안타깝게도 아니었어. 배비지 교수 역시 해석기관을 완성하지 못했고 에이다가 만든 명령문 또한 사람들에게서 잊히고 말았지.

그로부터 100여 년 뒤인 1950년대에 이르러서야 에이다의 명령문은 빛을 보았어. '세계 최초의 프로그래머'라는 호칭과 함께 에이다의 이름을 딴 프로그래밍 언어도 나타났지.

세월이 흐른 지금은 10월의 둘째 주 화요일을 '에이다 러브레이스의 날'로 정해 기념하고 있어. 이날은 여성이 과학과 기술, 공학, 수학 분야에서 이룬 업적을 기리는 날이래. 그러니까 이제 아무도 에이다를 잊지 않을 거야. 잠깐, 지금까지 내가 누구를 이야기하고 있었더라?

넌 **정말** 구제 불능 멍청이구나.

프루넬라

참일까 똥일까?

에이다는 열두 살 때 비행기를 발명했다?

참 에이다는 최초의 비행기가 나타나기 한참 전에 새들이 하늘을 나는 방법을 나름대로 연구했어. 그리고 양옆에 날개가 달리고 안에 증기기관이 있는 아주 커다란 장치의 설계도를 자세하게 그렸어. 내가 열두 살 때 가장 잘 그린 그림은 바나나였는데 말이야.

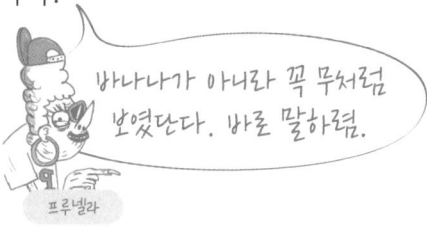

에이다에게 문학적 재능은 없었다?

똥 아버지 바이런의 문학적 재능은 에이다에게 그대로 전해졌어. 단지 어머니의 영향으로 공부하지 못했을 뿐이지 글쓰기에도 재능이 있었대. 스스로를 '시적인 과학자'라 불렀던 에이다는 자신만만하게 말했어.
"아버지가 내게 천재성을 물려줬다면 위대한 진리와 원리를 밝히는 데 쓰고 싶다."

컴퓨터 프로그래밍 언어에 에이다의 이름이 붙었다?

똥 미국 정부는 로켓을 발사하는 프로그래밍 언어를 만들었어. 그 언어에 역사상 최초이자 가장 훌륭한 프로그래머의 이름을 붙이기로 했지. 이 '에이다 언어'는 오늘날 비행기와 기차, 은행에서도 쓰이고 있어. 그러니까 비행기와 기차를 탈 때 또는 은행을 털 때는 에이다 러브레이스에게 감사하도록. (그래도 은행은 털지 말 것!)

이제 똑똑한 내 로봇 도우미에게 거짓말 탐지기를 켜보라고 할게.

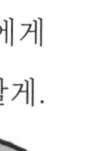

거짓말 탐지기

다음에서 〈외계 바닷가재의 모험〉만큼이나 어이없는 것은? 뭐, 그렇게 말할 수도 있겠지. 〈초음속 게의 섬〉만큼 훌륭한 게임은 아니니까. (《초음속 게의 섬》 애덤 케이 게임 숍에서 단돈 189만 9999원!)

1. 에이다는 유명한 영국 소설가 찰스 디킨스와 아주 친한 사이였다.
2. 에이다는 도박에서 큰돈을 따려고 컴퓨터 프로그램을 만들었지만…… 실패해서 돈을 잃고 빚을 졌다.
3. 에이다는 결혼식 서약에서 "네."라는 대답대신 "당신의 연산은 정확합니다."라고 대답했다.

정답 3. 이제 나오미 응답해봐 드디어 시에 당신의 연산을… 틀렸습니다!

똑똑한 명언

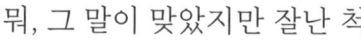

뭐, 그 말이 맞았지만 잘난 척을 하는 것 같군, 에이다.

누가 할 소리.

프루넬라

나의 뇌는 평범한 인간의 뇌와 다르다는 사실을 시간이 보여줄 것이다.

토머스 누구슨?

발명가들은 쓸모 있는 것을 만들지 않는 것 같아. "생일 축하합니다!" 음악을 멋들어지게 연주하는 변기나 어디에서나 먹을 수 있게 초콜릿으로 만든 잔디 깎이는 발명하지 못했잖아.

전 세계에서 많은 사람이 사용할 만큼 쓸모 있는 발명품을 만든 사람은 많지 않아. 하지만 토머스 에디슨만큼은 달랐어. 굉장한 아이디어로 누구보다 많은 발명품을 만들었거든. 생활에서 쓸 수 있는 전구나 영화 촬영용 카메라와 음악을 틀어주는 기계도 만들었지. 에디슨이 없었다면 지금처럼 음악을 듣거나 텔레비전을 보지 못한 채 어둠 속에 멍하니 앉아만 있었을지도 몰라.

에디슨은 미국에서 어마어마하게 많은 발명품의 특허를 받은 사람이야. 등록되지 않은 것까지 모두 더하면 2000여 개가 넘는다니 대단하지 않니? 참참, 이렇게 많은 발명품을 남긴 에디슨은 쓸모없는 물건도 많이 만들었어. 그것 봐, 역시 완벽한 사람은 없다니까? 물론 나만 빼고 말이야.

에디슨의 부모님은 아들이 발명가가 되리라는 걸 일찍부터 알았을 거야. 에디슨이 지하실을 자신만의 제작실로 꾸며서 온갖 실험을 했거든. 그러다가 커다란 폭발을 일으켜 집을 통째로 날릴 뻔하기도 했지. 이크.

에디슨은 엉뚱한 소년이었어. 집에서 알을 직접 품어 병아리로 부화시키려고 했고, 주변 어른들이 귀찮을 만큼 너무 자주 이것저것 끈질기게 물어보곤 했어. 결론을 얻을 때까지 실험과 질문을 멈추지 않았고 말이야.

에디슨은 엄청난 호기심과 끈기가 있었지만 학교에 다니기를 좋아하지 않았어. 결국 열두 살에 학교를 그만두고 일을 했지. 물론 지금은 에디슨처럼 하면 안 돼. (혹시 지금 10대인데 우주비행사 지원서를 쓰고 있었다면 미안.)

에디슨은 기차 안에 가게를 차려서 승객들에게 군것질 거리를 팔았어. 19세기 사람들도 초콜릿 쿠키나 코카콜라 같은 간식을 무지하게 좋아했나 봐. 에디슨은 곧 엄청나게 돈을 벌어들였지. 지금으로 치면 일주일에 200만 원씩 벌어들인 셈일걸? 무려 열두 살의 나이에 말이야! 한 달만 모아도 노트북을 열 대씩 살 수 있는 돈이야. 안타깝게도 그때는 아직 노트북이 발명되지 않았지만. 그리고 누가 노트북을 열 대씩 사겠니?

다른 걸 예로 들 수는 없었니?
프루넬라

에디슨은 실험 장비를 사는 데 번 돈을 몽땅 썼어. 그리고 기차에서 실험하다가 또 한 번 폭발을 일으키고 말았지. 그 뒤로 다시 기차에 탈 수 없었지만 결코 실험을 포기하지 않았어.

천재의 시간

토머스 에디슨이 만든 발명품은 정말 많아. 그중에서 발명하지 않은 걸 찾기가 쉬울까, 발명한 걸 찾기가 쉬울까? 어디 한번 살펴보자고! 우선 그가 발명하지 않은 건…… 식당, 스프링클러, 돌고래, 바이올린, 초콜릿, 만화책, 생일, 아이스크림, 숙제, 난로, 지우개 달린 연필, 실내화, 풍선, 웅덩이, 커스터드……. 아, 내가 잘못 생각했네. 그냥 에디슨이 발명한 걸 꼽는 게 낫겠다.

(실생활에서 쓰이는) 전구

사실 전구는 험프리 데이비Humphry Davy라는 화학자가(동요에 나오는 달걀 아저씨 험프티 덤프티와 헷갈리면 안 돼) 먼저 발명하긴 했어. 험프리가 발명한 전구는 값이 엄청나게 비쌌고 불을 켤 때마다 새로 갈아야 했대. 많이 귀찮았겠지?

토머스 에디슨의 발명 덕분에 전 세계의 수많은 가정이 값싸고 편리하게 전구를 사용하고 있어. 이 전구는 경복궁에도 설치되어 있어. 대한제국의 고종황제가 에디슨의 전기 회사에

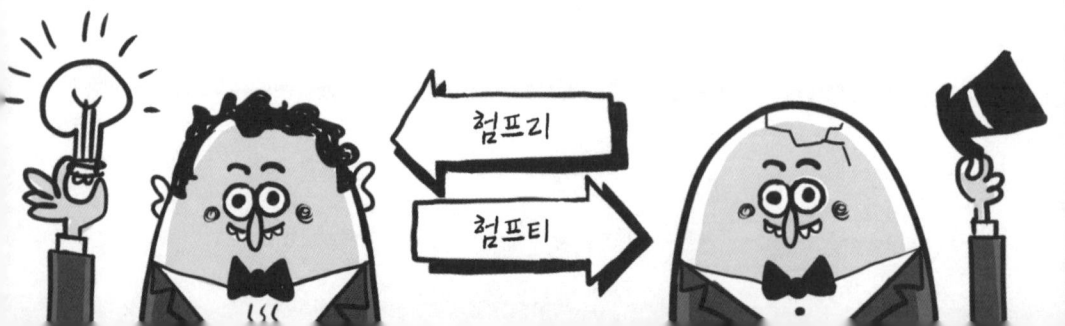

서 사들였는데 동아시아 최초의 전기가 되었지.

과일 진공 포장 용기

복숭아를 신선한 상태로 몇 주 동안 보관하고 싶다고? 아직 냉장고가 발명되지 않았는데 어떻게 해야 하지? 그대로 두면 색이 변하고 맛도 없어질 텐데 말이야. 하지만 걱정 마. 에디슨은 과일 저장 용기도 만들었거든. 이 용기는 과일을 넣은 뒤 공기를 펌프로 빨아들여 꽉 닫아놓을 수 있었어. 이 또한 특허를 받은 놀라운 발명품이야.

영화 카메라

에디슨은 필름에 영상을 기록하고 틀어주는 카메라도 발명했어. 이 발명품에는 아주 사소한 문제가 두 가지 있었지. 하나는 영화를 한 사람씩만 볼 수 있다는 문제였어. 콧구멍만큼 작은 구멍으로 들여다봐야 했거든. 또 다른 문제는 그가 만든 영화들이 모두 형편없었다는 거야.

에디슨이 만든 〈코끼리 감전시키기〉라는 영화를 혹시 보고 싶으냐고? 오, 생각해줘서 고맙지만 사양할게.

축음기

어느 날, 에디슨은 두 시간씩만 자며 만든 기계를 동료들 앞에 들고 나왔어. 그러고는 기계에 달린 손잡이를 돌렸어. 동요 〈메리에게 작은 양이 있었어요 Mary Has A Little Lamb〉를 부르면서 말이야. 노래를 끝낸 에디슨이 다시 손잡이를 돌리자 놀라운 일이 벌어졌어. 기계에서 에디슨이 부른 노래가 흘러나왔거든!

축음기는 소리를 녹음하고 들려주는 기계야. 소리를 남기거나 계속 듣고 싶은 사람에게는 더없이 유용한 물건이지. 축음기가 없었더라면 오늘날 우리는 음악을 들을 수 없었을 거야. 그러니까 음악을 좋아한다면 에디슨에게 꼭 고맙다고 인사해. 음악을 좋아하지 않는다고? 그럼 내가 만든 〈외계 바닷가재의 소리 볼륨 8〉도 못 들어봤겠네? 아쉽다, 아쉬워.

다양한 실패작

아무리 어마어마한 천재라고 해도 언제나 번뜩이는 아이디어만 내놓을 수는 없는 법! 에디슨의 발명품에는 양말에 든 토사물만큼 인기가 없는 것도 많았어. (내가 경험해봐서 아는데 양말 속의 토사물은 정말 구려. 피핀이 양말에 토한 적이 많거든.) 실패한 에디슨의 발명품 몇 개를 꼽아볼게.

- 목소리로 움직이는 재봉틀
- 콘크리트로 만든 소파
- 지독할 만큼 오싹하게 말하는 인형
- 유령 탐지기 (이건 작동하지 않은 것 같아.)

에디슨은 이 밖에도 자동차 배터리와 전화기에 들어가는 마이크, 문신을 새길 때 쓰는 전기 바늘 등도 발명했어. 배터리

로 움직이는 전화기를 몸에 새기고 싶은 사람에게는 아주 좋은 소식이었겠지?

흐음, 여기까지만 하는 게 좋겠다. 지금 멈추지 않으면 다른 사람들보다 에디슨의 이야기가 훨~~~씬 길어질 테니 말이야. 알베르트 아인슈타인이나 에이다 러브레이스가 삐치기라도 하면 곤란하잖아.

참일까 똥일까?

에디슨이 세운 회사는 현재 1년에 약 1조 원을 벌어들인다?

참 토머스 에디슨은 찰스 코핀Charles Coffin 및 다른 친구들과 함께 전기 조명 회사 제너럴 일렉트릭General Electric Company을 세웠어. 이 회사는 지금도 비행기 엔진부터 엑스레이 기계, 냉장고에 이르기까지 다양한 물건을 만들고 있어. 이 회사가 1년마다 벌어들이는 1조 원은 어느 정도일까? 1조 원이면 노트북을 주마다 무려 200만 대씩 살 수 있는 돈이야.

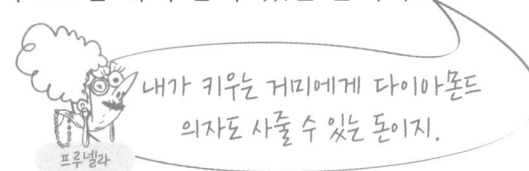

내가 키우는 거미에게 다이아몬드 의자도 사줄 수 있는 돈이지.

프루넬라

에디슨은 그 누구보다도 많은 것을 발명했다?

참 각종 장치들을 모두 합치면 에디슨이 특허를 받은 발명품은 1000가지가 넘어. 특허를 받았다는 건 그가 실제로 발명했다는 분명한 증거야. 혹시 에디슨의 기록을 깨고 싶다면 서두르는 게 좋겠어. 어서! 그렇게 누워서 과자나 먹고 있을 시간이 없다니까!

에디슨은 과학자이다?

똥 에디슨은 발명가 겸 사업가이지 과학자나 기술자라고 보기는 힘들어. 과학적이고 뛰어난 발명품(특히 전구)들 때문에 뉴턴이나 아인슈타인과 같은 과학자로 보는 사람이 많은 것 같더라. 에디슨의 발명품들은 어떤 이론을 깊이 연구한 다음 그걸 바탕으로 만든 것이 아니거든. 원래부터 있었던 물건들을 계속 고쳐 가면서 만들었다는 점을 알아두면 좋겠어.

매력쟁이 내 로봇 도우미에게
거짓말 탐지기를 켜보라고 할게.

거짓말 탐지기

다음에서 에덤의 요리만큼이나 쓰레기인 것은?
당장 그 말을 취소하지 않으면 내가 만든 고기 국물 호박 아이스크림을 못 먹을 줄 알아!

1. 모스 부호를 배운 에디슨은 아내 미나 밀러에게 모스 부호로 청혼했다.
2. 에디슨이 세상을 떠날 때 내뱉은 마지막 숨은 시험관에 담겼다. 이 시험관은 헨리포드 박물관에 전시되어 있다.
3. 다정한 사람이었던 에디슨은 매주 수요일에 회사 직원들에게 간식을 주기도 했다.

> 정답 3. 에디슨은 회사 직원들에게 간식을 나눠주기는 했지만 매주 수요일이 아니라 금요일에 주었다고 해. 금요일은 옛날부터 생선 튀김 ……요리……대체 뭐 하자는 거야?
> 아이, 정말, 에덤의 요리가 더 쓰레기 같아.

똑똑한 명언

그렇다면 땀 냄새 제거제부터
만들었어야 하지 않나?

천재는 1퍼센트의 영감과 99퍼센트의 땀으로 만들어진다.

그레타 누구리?

학교를 하루 빠진다면 넌 무얼 할 거니? 놀이공원에 가거나 네가 키우는 귀여운 반려동물 호저를 산책시키거나 좋아하는 책(특히 이 책)을 읽고 있을 거라고?

흠, 다른 책들이 폭발로 사라진다면 이 책이 가장 좋아하는 책이 될 수도 있겠지.
프루넬라

학교를 하루 빠져서 세상을 바꿀 수 있다고 한번 상상해 봐! 정말 그게 있을 수 있는 일이냐고? 그럼그럼, 내가 너한테 거짓말을 하겠어? 무려 열다섯 살의 소녀 '그레타 툰베리'가 이미 해낸 일이거든.

그레타는 어린 나이에도 의미 있는 행동으로 유럽 청소년들에게 큰 영향을 미쳤어. 더 나아가 전 세계 사람이 기후 변화 문제를 심각하게 받아들이고 고민하도록 변화를 일으켰지. 그레타는 어떤 학창 시절을 보냈을까?

그레타는 스웨덴의 스톡홀름에서 태어났어. 오페라 가수인 그레타의 엄마는 유럽에서 열리는 유로비전이라는 음악 경연 대회에 나가 노래 실력을 뽐내기도 했지. 여러 나라 사람이 참가하는 이 대회는 오디션 프로그램과 비슷해. 하지만 생각보다 따분한 음악을 들려준단다. 그레타의 아빠는 배우야.

그레타는 여덟 살 때 기후 변화가 얼마나 심각한 문제인지 처음 알았어. 점점 뜨거워지는 지구가 우리의 잘못이라는 사실도 깨달았지. (여기에서 '우리'는 너와 내가 아니라 지구에 사는 사람 모두를 말하는 거야.)

그레타는 환경을 지키는 일에 힘을 보태고 싶었어. 그 꿈대로 채식주의자가 되었고 비행기도 타지 않기로 마음먹었어. 비행기는 지구를 숨 막히게 하는 가스를 많이 토해내는 교통수단이야. 환경을 위해 편리한 비행기를 타지 않는다니 정말 대단한 결심이지. 그레타는 부모님을 설득하는 일이 제일 쉽나 봐. 부모님은 계속된 그레타의 설득에 고기를 먹지 않고 비행기도 타지 않는다고 해. 그 밖에도 새 물건 대신 헌 물건을 쓰고 고장 난 물건을 고쳐 쓰는 일 모두 그레타의 권유로 실천하고 있대. 그레타의 가족은 이런데 대체 우리 가족은 왜 내 말을 듣지 않는 걸까?

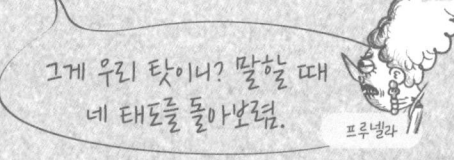

어느 날, 그레타는 잔인한 현실을 깨달았어. 한 가족의 노력만으로는 환경을 지킬 수 없었거든. 가족뿐만이 아니라 많은 사람을 설득해야 한다는 사실도 알게 되었지. 그레타는 사람들을 설득하는 일에 나섰어.

어렸을 때부터 환경에 큰 관심을 보였던 그레타는 어른들에게 달라져야 한다고 외쳤어. 하지만 어른들은 어린 여자아이의 말을 귀담아 들어주지 않았지.

그레타는 자폐증과 비슷한 아스퍼거 증후군을 앓고 있었어. 아스퍼거 증후군이 있는 사람은 주변에서 일어나는 일에 남다른 반응을 보여. 가끔 다른 것을 생각하지 않고 한 가지 문제에만 무섭게 집중하거나 흥분하기도 하지.

그레타가 기후 변화 문제에 그토록 열심히 집중하고 노력한 이유는 이 때문인지도 몰라. 실제로 아스퍼거 증후군이 초능력 같다고 말하기도 했거든.

천재의 시간

어느 날, 열다섯의 그레타는 학교에 가지 않고 커다란 마분지와 굵은 펜을 가져와서 이렇게 적었어.
"스콜스트레이크 푀르 클리마테트 Skolstrejk För Klimatet."

나만큼 스웨덴어를 끝내주게 잘하지 못하는 너를 위해 친절히 해석해줄게. 이 말은 '기후를 위한 등교 거부'라는 뜻이야.

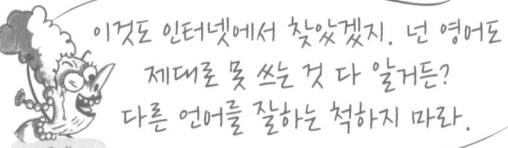

이것도 인터넷에서 찾았겠지. 넌 영어도 제대로 못 쓰는 것 다 알거든? 다른 언어를 잘하는 척하지 마라.
프루넬라

그레타는 스웨덴 의회에 가서 이 팻말을 옆에 놓고 혼자 앉아 있었어. 한 번만 갔냐고? 천만의 말씀! 매주 금요일이면 팻말을 들고 의회에 가서 자리를 잡았어. 사람들은 홀로 당당하게 시위하는 그레타를 눈여겨보고 소문을 내기 시작했어.

얼마 후 미국과 영국, 폴란드, 페루를 비롯한 다른 나라들에서도 2만 명이 넘는 아이들이 그레타의 시위를 따라 했어. 세계 곳곳에서 벌어진 청소년들의 시위는 점차 퍼져 나가 92개 나라에서 함께하는 엄청난 운동이 되었어.

그래, '미래를 위한 금요일' 운동이 시작된 거야! (흠, 생각해 보니 팻말에 이렇게 적었다면 좋았을 텐데. "애덤이라는 이름의 모든 사람에게 공짜 아이스크림을 주고 기후를 지키기 위해 등교를 거부함.")

세상은 그레타가 바라던 대로 기후 위기 문제를 논의했어. 그것도 많은 나라에서 환경 문제에 관심을 보이며 말이야! 얼마 후 세계 여러 나라에서 그레타를 초대했어. 그리고 미래의 문제를 주제로 연설해달라고 했어. 많은 나라가 환경을 지키자는 그레타의 목소리에 귀기울여 주었어. 이는 기분 좋은 변화가 분명했지. 하지만 작은 문제가 있었어. 그레타는 비행기를 타지 않겠다고 결심했잖아? 비행기를 타지 않으려니 다른 방법으로 먼 곳까지 가기란 쉬운 일이 아니었지. 수많은 어려움이 있었지만 그레타는 포기하지 않았어. 기차를 타고 다시 전기 자동차로 갈아타며 내가 사는 영국에도 왔거든. 정말 굉장하지 않니?

그레타는 미국에 있는 국제연합UN에서도 연설해달라는 부탁을 받았어(국제연합은 세계의 평화와 안전, 환경 문제, 경제가 어려운 나라를 돕는 중요한 기관이야). 그리고 그곳에 가기 위해 커다란 새총에 올라간 다음 사람들에게 발사해달라고 했대. 그렇게 해서 드넓은 대서양을 건넜다니까?

미안, 이 말은 거짓말이야. 사실은 제트스키를 탔대. 그래, 그래, 알았어. 솔직하게 말해줄게. 그레타는 오염 물질을 뿜지 않는 특별한 요트를 타고 미국에 갔어. 가는 데 무려 2주가 넘게 걸렸지만 무사히 도착했지. (나라면 그렇게 오랫동안 요트를 탈 수 없었을 거야. 욕조에서도 뱃멀미를 하거든.)

국제연합에 도착한 그레타는 세계 여러 나라의 지도자들이 모인 자리에서 훌륭하게 연설했어. 물론 그 장면은 텔레비전으로 전 세계에 방송되었지. 다음은 연설에서 그레타가 한 말이야.

"여러분이 저의 꿈과 어린 시절을 훔쳐갔어요. 여러분은 그저 돈 이야기만 하죠. 어떻게 그럴 수 있나요!"

멋지지 않니? 그레타가 영국에 살았더라면 우리 학교 선생님들에게 내가 체육을 싫어하는 이유를 말해달라고 부탁했을 거야. 그레타는 지금까지도 열심히 환경 운동을 하고 있어. 지치지 않는 활동 덕분에 3년 연속 노벨평화상 후보에 오르기도 했지. 아직 상을 받지는 못했지만 나는 그레타가 언젠가 노벨평화상을 받을 거라고 생각해. 나도 스물세 번이나 떨어지고 나서야 운전면허증을 받을 수 있었거든!

참일까 똥일까?

그레타의 이름이 붙은 호랑이가 있다?

똥 그레타의 이름은 호랑이보다 작은 생물에 붙었어. 무려 6억 배쯤이나 작은 생물이지. 과학자들은 딱정벌레의 한 종류인 이 생물을 그레타의 이름을 따 '넬롭토데스 그레태 Nelloptodes gretae'라고 불렀어. 왜 이런 이름을 붙였냐고? 이 딱정벌레의 더듬이가 지구를 위해 노력하는 그레타의 양 갈래 머리와 닮아서라고 해. 이 벌레를 찾아보고 싶다고? 동아프리카에만 사는 데다가 마침표보다도 작아서 찾기 쉽지 않을 거야. 언젠가 동물에게 내 이름도 붙이면 참 좋겠다.

세계 모든 나라의 지도자들은 그레타의 연설에 환호했다?

똥 안타깝게도 기후 변화를 막고 지구를 보호하는 일에 함께하는 나라는 많지 않아. 게다가 그레타의 연설을 좋지 않게 보는 지도자들도 있지. 도널드 트럼프(붉은 얼굴의 이상한 미국 전 대통령)는 그레타가 분노를 참지 못하는 이상한 성격이라고 했어. 블라디미르 푸틴(못된 러시아 대통령)은 그레타가 무슨 말을 하는지 모르고 그저 내뱉는다고 했지. 자이르 보우소나루(고약한 브라질 전 대통령)는 그레타가 그저 어린아이일 뿐이라고 했어. 이들이 뭐라고 하든 그레타는 상관하지 않았어. 사람들은 가끔 자기가 틀리고 상대방이 옳다는 것을 알고 있을 때 오히려 화를 내기도 하니 말이야. 그레타는 물러서지 않고 지구를 지키기 위해 오늘도 노력하고 있단다.

이제 믿음직한 내 로봇 도우미에게
거짓말 탐지기를 켜보라고 할게.

거짓말 탐지기

다음에서 애덤의 이메일 주소만큼 한심한 것은?
lovely_clever_Adam1980@hotmail.com
내 메일이 뭐 어때서? '멋지고 똑똑한 애덤'이라는 뜻이잖아.

1. 그레타는 세계 곳곳에서 연설하느라 학교 시험에 낙제했다.
2. 그레타는 일간지 《뉴욕 타임스》의 올해의 인물에 가장 어린 나이로 뽑혔다.
3. 그레타의 가운데 이름에는 틴틴이 들어간다.

정답 1. 스웨덴의 대단한 환경운동가 그레타는 학교를 n개 빠졌지만 성적은 우수하다.

똑똑한 명언

우리의 집이 불타고 있어요.

집이 불타고 있는데 침대에 누워서 음악이나 듣는 사람이 있을까? 당장 소방차를 부를 거야. 기후 변화는 전 세계가 불타고 있는 것과 비슷해. 불을 끄려면 노력해야 하는데 사람들은 무덤덤하기만 해. 잠깐, 불을 꺼야 한다고 무작정 119에 신고하면 안 돼!

마리아 누구스?

마리아 텔케스는 태양에 푹 빠진 과학자였어. 태양을 이용한 쓸모 있는 기구를 발명하느라 몹시 바쁜 나날을 보냈거든. 그렇다고 매일 일광욕을 했다는 뜻은 아니야.

마리아는 누구도 기후 변화를 걱정하지 않던 100여 년 전에 이글거리는 태양의 에너지를 사용하면 좋겠다고 생각했지. 그리고 연구실에서 정말 그렇게 할 수 있는 방법을 생각해냈어. 이뿐만이 아니야. 태양열을 이용해 바닷물을 마실 수 있는 물로 바꾸는 기적 같은 일도 해냈어! 과학자들이 마리아에게 '태양의 여왕'이라는 별명을 붙인 건 당연한 일이야. 나도 놀라운 책의 왕으로 알려져 있잖아.

무슨 소리. 끔찍한 책을 쓴 바보로 알려져 있겠지.

마리아는 물리학자이자 발명가로서 대단한 일을 해냈어. 풍부한 과학 지식으로 끊임없이 연구해 사람들에게 큰 도움을 주었거든. 또 남자들이 활약하던 시대에 여자도 할 수 있다는 사실을 멋지게 보여줬지.

1900년에 헝가리에서 태어난 마리아는 아주 어릴 때부터 과학에 깊은 관심을 보였어. 학교에서 황을 녹이는 실험을 하다 과학의 매력에 푹 빠지고 말았거든. 물론 실험하다 엄청난 폭발이 일어나기도 했지만 말이야. 그리고 과학책을 읽으며 호기심도 열심히 키웠어. 특히 자연과 에너지는 마리아가 제일 재미있어한 주제였지. 그러다가 사람들이 석탄이나 석유, 가스 등을 왜 자원으로 자주 이용하는지 궁금해했어. 이런 자원들은 땅속이나 바다 밑에서 만들어지기까지 시간이 오래 걸려. 또 땅 밑에서 캐내려면 엄청나게 고생해야 해. 게다가 더럽고 지독한 냄새까지 풍기잖아. 마치 피핀이 진흙탕에서 수영하고 왔을 때처럼 말이야(냄새도 냄새지만 씻기지도 않았는데 집에서 몸을 푸다닥 털기라도 한다면…… 완전 지옥이라고!).

언젠가 그런 자원이 모두 바닥나 버리면 어떻게 되겠니? 마리아는 언젠가 없어질 자원들을 대신할 만한 것이 없을까 고민했어. 그러고는 수십 억 년 동안, 아니 어쩌면 영원히 바닥나지 않을 자원을 떠올렸지. 그게 뭘까? 맞았어. 바로 코딱지야.

아, 미안. 코딱지가 아니고 '태양'이야. 마리아는 아침이면 어김없이 떠오르는 태양에게 놀라운 힘이 있다고 굳게 믿었어. 그 당시에는 내리쬐는 태양 빛으로 집을 따뜻하게 데우는 기술이 없었어. 마리아는 열심히 과학을 공부해 태양을 이용할 방법을 알아내야겠다고 생각했지. 그렇다면 마리아는 자신의 생각을 실현했을까? 그게 궁금하다면 다음 쪽을 살펴봐.

천재의 시간

대학을 졸업하고 미국에 온 마리아의 진짜 모험은 이제 시작이었어. 학자로, 발명가로 과학 연구와 실험에 한창 집중하던 때 엄청난 사건이 터지고 말았어. 바로 2차 세계 대전이 일어난 거야. 이때는 하늘과 땅, 바다 곳곳에서 치열한 전투가 벌어졌어. 당시에는 강이나 바다의 물이 너무 더럽거나 짜서 마실 수 없었어. 군인들은 어디에서든 물을 마실 수 있도록 무거운 물병을 힘들게 짊어지고 다녀야 했지(피핀은 더럽건 어쨌건 전혀 상관하지 않는 것 같지만, 하하).

모두가 군인들이 마실 물을 어떻게 하면 쉽게 얻을 수 있을지 고민했어. 이 문제를 누구도 해결하지 못하고 있을 때, 마리아가 나섰어. 끈질기게 연구한 끝에 바닷물을 마실 물로 바꿔 주는 장치를 발명했지. 태양열을 이용해서 아주 쉽게 말이야!

이 기술은 2차 세계 대전 동안 미국 군대에 큰 도움을 줬어.

그리고 생명을 구한 기술로 인정받았지. 나아가 태양열 기술의 가치를 보여준 기술이기도 했어.

전쟁이 끝나자 마리아는 다시 태양에 관심을 쏟았어. 해변에 가서 일광욕 의자에 누워…… 아, 미안. 그게 아니고 태양을 연구하기 시작했다는 뜻이야.

마리아는 석유 같은 지하자원이나 돈을 조금도 쓰지 않고 1년 내내 난방할 수 있는 방법을 생각해냈어. 먼저 태양 빛이 쏟아지는 여름날, 벽 속에 있는 공간에 열을 잔뜩 저장해. 그리고 겨울이 오면 모아둔 열로 집을 덥히는 방법이었지. 그럼 모

두가 따뜻하고 기분 좋게 지낼 수 있지 않겠어? 놀라운 방법이었지만 마리아의 태양열 기술은 성공하기까지 많은 어려움이 있었어. 날씨가 흐린 날이나, 태양 빛을 모으는 방법 등에서 생각도 못 한 문제들이 줄지어 나타났거든. 결국 마리아가 꿈꾼 태양열 주택 설계는 실패했어. 일하던 위원회에서도 나가야 할 만큼 뼈아픈 실패였지. 실망한 마리아는 포기했을까? 천만의 말씀! 더욱 열심히 연구하여 태양열로 따뜻해지는 최초의 주택을 짓는 데 성공했어. 시간이 더 흐른 뒤에는 태양에서 열과 전기를 만드는 주택을 짓는 데 도움을 주었지. 이처럼 마리아는 포기를 모르던 멋진 과학자였단다.

마리아는 태양열로 요리하는 기구를 만들기도 했어. 환경을 해치지 않는 기술이면서 자원이 바닥날 걱정도 없는 아주아주 멋진 요리 기구이지. (어? 너도 태양열로 뭔가 해봤다고? 돋보기로 태양열을 모아서 종이 태우는 거? 음, 마리아도 이미 해보지 않았을까?)

우리는 숙제나 꼭 해야 할 일이 끝나면 뒹굴거리거나 게임을 하지? 주어진 일을 끝냈는데 무슨 일을 더 하려고 하겠어? 그런데 마리아는 좀 달랐어. 이런 엄청난 성공을 한 뒤에도 "바쁘게 일했으니 이제 좀 쉬어야겠다."라고 말하지 않았거든.

멈추지 않고 계속 연구해서 우리가 오늘날까지 쓰고 있는 많은 물건을 발명했지.

마리아는 친환경 냉난방기를 만들기도 했고 새로운 로켓 원료를 발명하기도 했어. 그전까지는 로켓을 만들려면 높은 온도로 원료를 녹여야 했거든. 솔직히 우주비행사가 아니라면 쓸 일은 없겠지만 아주 대단한 발명이었지. 마리아 덕분에 이제는 우주에서 이 책을 읽는 사람도 있겠지?

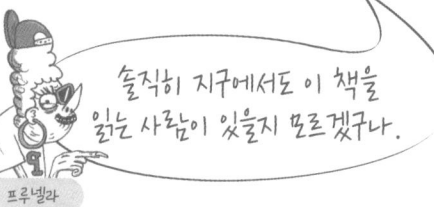

참일까 똥일까?

마리아는 자동으로 팬케이크 뒤집는 기계를 발명했다?

똥 아쉽게도 아니야. 팬케이크는 앞으로도 네가 직접 뒤집어야 할 것 같아. 대신 그보다 훨씬 더 멋진 기계를 발명했어. 1953년에 최초의 태양열 오븐을 만들었거든. 그 덕분에 아주 외진 곳이나 가난한 나라에 사는 사람들이 쉽게 요리할 수 있게 되었지. 이는 환경에도 큰 도움이 되는 일이야. (그걸로 멸종 위기에 놓인 호랑이를 요리하는 게 아니라면 말이지.) 오븐 발명은 크게 성공했고 70년이 지난 지금도 여전히 쓰이고 있어!

마리아의 첫 발명품은 뇌파를 측정하는 기계였다?

참 철사들이 잔뜩 튀어나온 특수 모자 같은 기계였어. 이 철사들로 뇌에서 생기는 전파를 헤아렸다고 해. 그런데 작은 문제가 두 가지 있었어. 첫째, 모자처럼 멋지지 않아서 파티에 쓰고 갈 수 없었어. 둘째, 뛰어난 '나'의 뇌파를 모두 잴 수 있을 만큼 강력하지 않았다는 거야.

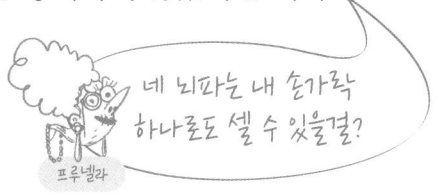

네 뇌파는 내 손가락 하나로도 셀 수 있을걸?

프루넬라

닥터 K의 찐천재 실험실

이제 말 잘 듣는 내 로봇 도우미에게 거짓말 탐지기를 켜보라고 할게.

거짓말 탐지기

다음에서 애덤의 시만큼이나 우스꽝스러운 것은?
야! 내 시가 얼마나 멋진데. 킹콩이나 드라큘라에게 물어봐.

1. 마리아는 아흔 살이 넘어서도 계속해서 새로운 기계를 발명했다.
2. 마리아는 『내가 태양처럼 불타오르던 시절』이라는 책을 썼다.
3. 마리아는 아흔네 살에 방문한 고국 헝가리에서 눈을 감았다.

정답은 2. 두 사람 모두 시인은 아니지만 마리아는 『나에게 별 같은 일이 일어났어』라는 책을 썼답니다.

똑똑한 명언

나는 사람들이 할 수 없다고 말하는 것들을 하고 싶다.

나도 그래! 그래서 지난주에 30초 동안 쉬지 않고 트림을 했어. 넌 이거 할 수 있어?

캐서린 누구슨?

누구나 잘하는 게 하나씩은 있지 않니? 이를테면 피핀이 고양이 똥에서 구르는 거 하나는 기막히게 잘하는 것처럼 말이야 (아니다. 똥 위에서라면 무조건 뒹굴기 좋아하는 것 같아). 그리고 나만 해도 우주에서 최고로 잘생기고 엄청 똑똑한 데다가 잘하는 게 무지하게 많은 작가잖아.

이렇게 엄청난 거짓말은 처음 들어본다. 경찰을 불러야겠구나.
프루넬라

너는 무얼 잘하니? 축구를 잘하니, 바둑을 잘 두니? 바둑 축구를 잘할 수도 있겠구나(바둑 축구는 내가 방금 지어낸 거야).

캐서린 존슨은 수학을 잘했어. 아니, 잘했다는 표현으로는 부족해. 캐서린은 수학을 아주 아주 아주 아주 아주 아주 아주

아주 잘했어. (이걸로도 많이 부족한 것 같다.)

우리가 배우는 수학 문제는 대부분 참 간단해. 4 더하기 3의 답이 9라는 건 누구나 알잖아. 뭐? 이 문제의 답을 몰랐다고?

아무래도 네 뇌부터 바꿔야 할 것 같구나.

프루넬라

그런데 엄청나게 복잡한 수학 문제도 있어. 이를테면 우주에 보낸 비행사를 안전하게 지구로 돌아오게 하려면 어떻게 해야 할까, 이런 문제 말이야. (믿기 힘들겠지만 이런 문제를 풀 때도 수학이 중요해. 앞으로 수학 시간에 절대 졸지 말 것!)

캐서린은 이렇게 복잡한 수학 문제들을 풀었어. 그것도 아주 정확하게 계산해서 말이야. 그 덕분에 미국은 우주 개발에서 앞서 나갈 수 있었지.

캐서린 존슨은 1918년에 미국의 웨스트버지니아주에서 태어났어. 그 당시 미국에서는 백인이 아닌 사람들은 여러 가지 어려움을 겪었어. (지금도 가끔 그런 경우가 있지만.)

그 시절 미국에 있는 학교들은 학생들을 피부색이나 머리카락 색으로 나누어 가르쳤어. 그러니까 흑인 아이들이 백인 아이들과 같은 교실에서 공부하는 걸 허락하지 않았다는 뜻이야. (무슨 바보 같은 소리냐고 하겠지만 그땐 그랬어.)

흑인 아이들이 다니던 학교는 한 교실에서 아주 많은 학생이 수업을 들었어. 게다가 건물도 대부분 허름했어. 백인 아이들이 다니는 학교는 그렇지 않았는데 말이야.

공부하러 다니는 학교에서 이런 불공평한 일은 늘 벌어지고 있었어. 캐서린은 이런 나쁜 환경에서도 공부를 포기하지 않았어. 처음 학교에 들어갔을 때부터 수학을 엄청나게 잘하던 학생이었지. 아주 대단한 인간 계산기였다니까? (그렇다고 얼굴이 진짜 계산기처럼 버튼으로 뒤덮인 플라스틱판이었던 건 아니야!)

학교에서는 실력이 뛰어난 캐서린을 한 학년 위로 올려 보냈어. 그 뒤에도 또 한 학년, 또 한 학년, 계속 학년이 올라가더니 무려 열다섯 살에 대학에 들어갔지. 뭐, 아주 대단한 일은 아니야. 나는 열다섯 살에 코딱지를 모아 아이언맨 얼굴을 만들었으니까.

천재의 시간

캐서린은 뛰어난 실력으로 대학을 졸업한 뒤 흑인 학생들에게 수학을 가르쳤어. 대학원에 가려고 준비하면서도 가족을 돌보기 위해 선생님을 그만두지 않았지. 그러다가 오랫동안 꿈꾸던 미국항공우주국, 나사NASA에서 일하게 되었어. 오, 나사는 비틀린 홈이 난 못을 말하는 게 아냐. 정신없는 사람들을 가리키는 나사 빠지다는 말의 나사도 아니고 말이야.

나사는 우주선을 만들어 쏘아 올리고 우주선이 보내온 데이터를 분석하는 곳이야. 또 우주비행사들을 키우고 우주를 관찰하는 일을 하지. 그런데 우주선을 날아오르게 하는 일은 자동차가 도로를 달리게 하는 일과 차원이 달라. 우선 하늘에는 도로가 없잖아? 또 간신히 하늘 높이 올라가도 공기가 완전히 달라져 여러 곳에서 중력이 잡아당기기도 해. 우주선을 날아오르게 하려면 여러 가지를 따지며 한바탕 난리 법석을 떨어야 한단다. 우주비행사와 우주선이 지구로 무사히 돌아올 수 있게 하는 일도 신경 써야 하고 말이야.

캐서린은 나사의 다른 여자 직원들과 함께 우주선의 정확한 경로를 정하는 어려운 계산을 맡았어. 네 수학 숙제를 생각해

봐. 그보다 수억만 배 어려운 계산이었지. 나는 시장에 가서도 여전히 계산기와 메모지, 내 열 손가락을 모두 꼽아가면서 계산하거든. 내가 작가라서 얼마나 다행인지 몰라.

> 넌 그냥 작가가 아니라 얼간이 작가잖니.
> 프루넬라

캐서린이 살던 시기의 여자들은 직장에서 남자들과 똑같은 대우를 받지 못했어. 그중에서도 흑인 여자들은 말도 안 되는 트집을 잡혀야 했어. 백인들이 쓰는 커피포트를 사용하면 눈총을 받아야 했고 일하는 건물에서 800미터 떨어진 흑인 화장실을 사용해야 했다면 믿을 수 있겠어? (으으, 혹시라도 급똥이 왔다면? 상상하기도 싫어.)

심지어 백인 남자 동료들이 '흑인 여자'인 캐서린을 빼놓고 회의하러 갈 때면 이렇게 둘러댔어.
"우리는 원래 회의에 여자들을 끼워주지 않아."
캐서린은 언제, 어디서나 자기주장을 확실하게 펼치는 사람이었어. 그 말에 여자는 회의에 참석하면 안 된다는 법이 어디 있느냐고 따져 물었지. 당연히 그런 법은 없었어. 따가운 시선을 받으면서도 캐서린은 꿋꿋이 회의에 참석했어. 캐서린이

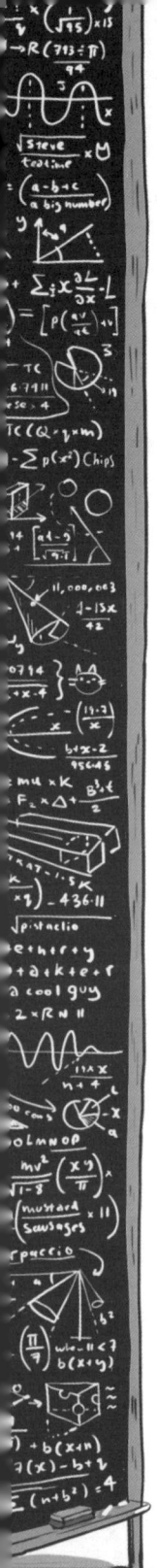

회의에 있었다니 정말 얼마나 다행인지 몰라. 그렇지 않았다면 나사는 끝내 우주에 비행사들을 보내지 못했을 테니까!

사람들은 컴퓨터의 계산에서 실수를 발견한 캐서린이 얼마나 똑똑한지 알게 되었어. 완벽하다고 생각한 컴퓨터의 틀린 계산을 잡다니 인정할 수밖에. 마침내 캐서린은 미국 최초로 우주비행사를 우주에 보내는 방법을 분석하고 계산하는 일을 맡았어. 대충이 아니라 아주 열심히 일했지. 하루 내내 사무실에 있다가 잠깐 집에 들러 딸들을 보살피는 날도 있었거든. 그러고는 다시 사무실로 돌아가 밤새워 일하기도 했다니까? 나사는 야식도 주지 않았는데 말이야.

첫 로켓 발사는 캐서린의 계산 덕분에 완벽하게 성공했어. 그 뒤로 캐서린은 나사에서 진행하는 거의 모든 프로젝트에서

이 로켓을 타고 제 방정식의 맨 꼭대기로 올라가려고요.

계산을 맡았어. 1969년에 나사가 세계 최초로 우주비행사들을 달에 보냈을 때도 캐서린이 있었어. 달에 처음 발을 디딘 사람은 닐 암스트롱Neil Armstrong이야. 그는 달에 내려서면서 이렇게 말했어.

"인간에게는 작은 한 걸음이지만 인류에게는 커다란 도약이다."

포장대에서 이상한 상품이 감지되었습니다.

흠, 이 말에서 중요한 사람이 빠졌네. 닐은 이렇게 말해야 하지 않았을까?

"캐서린 존슨에게 무척 고맙습니다. 캐서린이 없었더라면 나는 화산이나 마트 옥상에 떨어졌을 겁니다."

캐서린은 자리에서 물러난 뒤에도 흑인 여성들이 과학을 공부하고 나라의 중요한 기관에서 일할 수 있도록 도왔어. 피부색과 성별만으로 사람을 차별하던 시대. 캐서린은 그런 시대에도 누군가의 한계를 함부로 정해서는 안 된다는 것을 확실하게 보여준 사람이었지.

참일까 똥일까?

어떤 우주비행사는 캐서린이 컴퓨터의 계산을 다시 확인하기 전까지 우주에 가지 않겠다고 고집했다?

참 존 글렌 John Glenn은 1962년에 미국 최초로 지구를 세 바퀴 도는 비행에 성공한 우주비행사야. 우주선의 비행 계산에서 조금도 차이가 없어야 우주에서 길을 잃지 않을 수 있어. 발사를 앞두고 글렌은 조금 불안해졌나 봐. 그럴 만도 해. 나도 사다리를 올라갈 때 엄청 긴장하거든.

그건 네가 겁쟁이라서 그런 거지.
―프루넬라

나사의 컴퓨터는 지구에 있는 컴퓨터에서 최고로 계산을 잘했어. 그보다 정확히 계산할 수 있는 기계는 없었지. 그런데도 존 글렌은 캐서린이 다시 확인하지 않으면 컴퓨터가 계산한 경로를 믿지 않겠다고 했어. 솔직히 컴퓨터는 가끔 고장이 나기도 하잖아. 게다가 중요한 우주선이 고장 나는 건 절대 상상하고 싶지 않을 테니까…….

닐 암스트롱이 달에 착륙하는 순간 캐서린은 유명한 인물이 되었다?

똥 나사에서 일하는 사람이 아니라면(솔직히 그런 사람이 얼마나 되겠니?) 캐서린의 이름을 들어본 사람은 많지 않았을 거야. 캐서린은 화장실이나 커피포트를 쓰는 크고 작은 일에서 엄청난 차별을 겪었다고 했잖아? 미국의 여성 작가 마고리 셰털리가 『히든 피겨스』라는 책을 썼어. 그리고 나서야 사람들은 캐서린이 얼마나 대단한 일을 했는지 알았어. 사람들이 내가 쓴 훌륭한 책들을 읽기 전에는 피핀을 전혀 몰랐던 것처럼 말이야.

네가 쓴 '형편없는 책들'이라고 해야지.

프루넬라

누구 버너스 누구?

우리가 살아가는 데 필요한 것들은 이미 다 발명되었을까? 네 생각은 어때? 뭐, 숟가락과 침대, 방귀 기계, 텔레비전처럼 쓸 만한 것들은 발명되긴 했지. 놀랍게도 여전히 새로운 무언가를 수백만 가지나 더 발명할 수 있어! 우리가 그런 게 필요하다는 사실을 아직 깨닫지 못했을 뿐이지.

얼마 전까지만 해도 사람들은 먼 곳에 사는 사람들과 편지로 소식을 주고받았어. 아니면 전화로 따분한 고모할머니와 안부를 묻곤 했지.

이 말은 꼭 지워라.
프루넬라

이 정도도 충분히 편리해서 무언가 더 발전하거나 발명할 수 있는 건 없다고 생각했어. 그런데 한 사람만은 달랐어. 그는 전 세계의 모든 사람에게 닿을 수 있는 간단한 방법이 있으면 좋겠다고 생각했지. 그리고…… 3조 킬로미터까지 늘어나는 팔을 만들었어. 전 세계 사람들에게 닿을 수 있게 말이야.

아, 미안. 사실 거짓말이었어……. 늘어나는 팔이 아니라 '월드와이드웹WWW, World Wide Web'이라는 인터넷망을 만들었어. 이 망을 발명한 사람이 바로 팀 버너스리야. 이 사람 덕분에 우리는 아무리 멀리 떨어져 있어도 영상 통화를 하고 온라인 쇼핑을 즐길 수 있어. 이상하게 나온 자기 사진을 보며 깔깔거릴 수도 있게 되었지. 이보다 더 중요한 건 뭐니 뭐니 해도 친구들과 〈외계 바닷가재 가상현실 모험〉을 할 수 있게 됐다는 거야. 이 게임을 즐길 수 있게 해준 팀 버너스리가 누구인지 지금부터 알아보면 더 좋겠지?

영국에서 자란 팀은 학교에 다닐 때 기차를 아주 좋아했어. 음, 그냥 좋아한 게 아니라 기차 덕후였지. 철도 모형을 만들기도 하고 역에 가서 들어오고 나가는 기차들을 하염없이 구경하곤 했거든. 여러 종류의 기차를 기록하는 것도 아주 좋아했어.

팀처럼 취미를 갖는다는 건 아주 좋은 일이야. 피핀은 내가 소파에 앉아 있을 때마다 옆으로 와서 얼굴에 방귀를 뀌는 취미가 있거든(처음에는 고약했는데 구린 냄새를 맡다 보니 맡을 만하던데?). 우리 프루넬라 고모할머니는 취미로 이상한 하마 인형을 모으셔. 솔직히 말하면 그 넓적하고 이상하게 생긴 하마가 뭐가 예쁜지 모르겠지만.

> 이상한 게 아니라 아름다운 거다.
> 크리스마스에 너에게도 하나 선물하마.
> — 프루넬라

팀의 엄마와 아빠는 둘 다 엄청나게 똑똑한 과학자였어. 오늘날 우리가 사용하는 컴퓨터가 처음 나왔을 때의 모델을 만들었거든. 부모님의 호기심과 관찰력을 물려받은 팀도 피나는 도전 끝에 조그만 컴퓨터를 만들었지. 물론 이 컴퓨터는 모형 기차를 조종하는 데 쓰였어.

천재의 시간

대학교에 들어간 팀은 곧 기차에 싫증을 느꼈어(불쌍한 기차). 대신 컴퓨터에 관심을 보였는데 팀에게는 컴퓨터가 없었어. 그래서 오래되고  고장이 난 텔레비전으로 직접 컴퓨터를 만들었어. (컴퓨터가 원래 이렇게 쉽게 만들 수 있는 거였어?) 대학을 졸업한 뒤

팀은 세른CERN이라는 회사에서 일하게 되었어. 세른은 콜린의 늘어나는 로봇 코Colin's Extendable Robotic Noses를 줄인 말이야. 피핀이 아주 좋아하겠는걸?

사실 이건 거짓말이고 프랑스어 'Conseil Europeen pour la Recherche Nucleaire'의 줄임말이야. 흠, 이렇게만 쓰면 또 무슨 말인지 모르려나? 나처럼 프랑스어를 무지막지하게 잘하지 못하는 너를 위해 해석해줄게. '유럽 원자핵 공동 연구소'라는 뜻이야.

> 너도 프랑스어는 네 개보다 못하잖니.
> 프루넬라

어쩌면 너도 세른을 들어봤을지도 모르겠다. 세른은 대형 강입자 충돌기가 있는 곳이거든.

대형 강입자 충돌기는 세계에서 가장 큰 실험 기계야. 드넓은 우주와 우주에 감춰진 비밀을 밝혀줄 여러 실험이 이 기계에서

이루어지지. 엄청나게 커다란 터널이라서(축구장 7000개가 들어갈 만큼 크다고 해!) '대형'이라는 이름이 붙었어.

'강입자'는 말할 수 없이 아주 작은 입자를 말해. '충돌기'는 이 작은 강입자들이 서로 부딪치기 때문에 붙은 이름이야. 불쌍한 강입자들. 하지만 걱정 마. 강입자들은 서로 부딪쳐도 멍이 들거나 다치지 않거든. 어쨌든 대형 강입자 충돌기에서 우주에 있는 비밀을 밝힐 여러 실험이 이루어지고 있어. 이를테면 블랙홀을 만든다거나 우주 대폭발과 비슷한 충돌을 일으킨다거나 하는 것처럼 말이야.

다시 팀의 이야기로 돌아가 보자. 팀은 1980년부터 세른에서 일하기 시작했어. 1980년은 역사에서 손꼽을 만큼 최고의 해란다. 세상에서 가장 위대하고 잘생긴 작가가 태어났거든. (누군지 모르겠다고? 바로 나야.)

커다란 사무실에서 일하던 팀은 문득 불편함을 느꼈어. 멀리 떨어져 있는 사람들과 정보를 주고받기 어려웠거든. 친구가 너에게 뭔가를 보여주려 할 때마다 직접 가지고 와야 한다고 생각해 봐. 고양이가 넘어지는 사진 한 장을 보여주려고 네 자리까지 5분이 넘게 걸어와야 한다면 조금 짜증나겠지? (그때는 아직 인터넷도 고양이 사진도 나오지 않았지만, 어쨌든 예를 들면 그렇다는 거야.)
팀은 이렇게 생각했어.
'필요한 자료를 어딘가에 올릴 수 없을까? 모든 사람이 자기 컴퓨터로 그걸 볼 수 있다면 얼마나 좋을까?'

팀의 생각이 현실에서 이루어지기까지 제법 시간이 걸렸어. (아주 커다란 인터넷망을 발명하기란 그리 간단한 일이 아니었을 테니 말이야.) 다른 사람이라면 생각만 하고 끝냈을 테지만 팀은 달랐어. 1990년에 정말로 역사상 최초의 웹사이트를 만들었거든. 팀의 생각대로 누구나 컴퓨터로 웹사이트에 올려진 자료들을 볼 수 있어. 컴퓨터만 있으면 어디에 있든 상관없이 말이지.

이 최초의 웹사이트 주소는 info.cern.ch야. 지금도 인터넷에서 찾을 수 있어. 나도 다시 한번 봐야겠다. 흠. 오래된 웹사이트라서인지 좀 따분하긴 하네. 여기에는 고양이 사진 같은 건 하나도 없으니 미리 알아둬.

이렇게 만들어진 웹사이트는 허술했지만 시간이 지날수록 눈부시게 발전했어(물론 발전하는 데 팀이 큰 역할을 했지). 오늘날 웹은 전 세계에서 약 50억 명 이상이 사용하고 있어. 내 책을 읽은 사람들의 수도 비슷하지 않을까?

> 네 책은 딱 다섯 명 읽었겠지.
>
> 프루넬라

웹의 정식 이름은 월드와이드웹 World Wide Web(줄여서 웹)이야. 팀은 월드와이드웹 말고도 엄청난 일을 또 해냈어. 옛날에는 아주 적은 수의 전문가들만 인터넷에서 정보를 볼 수 있었거든? 팀은 힘들게 만든 인터넷망을 전 세계 사람들이 누구나 돈을 내지 않고 쓸 수 있게 했어.

팀은 전 세계 사람 가운데 20퍼센트만이 인터넷을 이용하고 있다는 사실을 안타까워했어. 마실 물이나 치료받을 수 있는 병원이 누구에게나 필요하듯 인터넷도 마찬가지인데 말이지. 그러고는 정말로 더 많은 사람들이 인터넷에서 정보를 주고받도록 자유로운 사용을 고집했어. (나라면 웹으로 돈을 벌어

초콜릿 바를 사 먹으려고 욕심부렸을 텐데.)

이후 팀은 교수가 되어 학생들에게 컴퓨터를 가르쳤어. 너희 학교의 컴퓨터 선생님이 인터넷을 발명한 대단한 사람이라면 얼마나 자랑스럽겠니? (우리 컴퓨터 선생님이 발명한 건 내가 컴퓨터를 고장 냈을 때 혼내는 방법들뿐이었지.)

2004년에 팀은 대영제국 훈장을 받았어. 이때 기사 작위도 함께 받아서 '팀 버너스리 경'이라고 불리기도 해. 혹시 슈퍼마켓에서 우연히 팀 교수님을 만난다면 예의를 갖춰서 허리를 굽히고 예쁘게 인사하도록! 네가 인터넷에서 찾은 고양이 사진을 보여 드리면 좋아하실지도 몰라.

참일까 똥일까?

팀은 월드와이드웹을 발명한 것을 후회했다?

참 뭐, 조금은 **참**이고 조금은 **똥**이야. 팀은 월드와이드웹 덕분에 전 세계 사람들이 서로 이어져서 쇼핑이나 다른 여러 가지를 더 편리하게 즐길 수 있다는 사실에 아주 기뻐했어. 한편으로는 사람들이 돈을 훔치거나 다른 나쁜 일을 하는 데 인터넷을 사용해서 걱정하기도 했지.

사실은 나도 로봇 도우미를 만들고 어떨 때는 뿌듯했지만 어떨 때는 후회하기도 했거든. 로봇 도우미가 아침마다 침대로 오렌지주스를 가져다주는 건 좋거든? 그런데 일주일에 한 번씩은 오류가 생겨. 내 머리에 다짜고짜 주스를 부어버린다니까(그 끈적끈적함을 말로 다 설명할 수 없어)? 로봇 도우미는 잠깐 고장 나서라고 하는데……
정말 그런 거겠지?

팀은 인터넷 주소 앞에 붙는 빗금을 멋있어서 넣었다?

참 'http://'에서 빗금 두 개는 쓸모없는 부분이 맞다고 했어. 인터넷 주소를 입력할 때 빗금을 빼도 문제없이 다른 사이트로 이동할 수 있거든. 그렇다면 팀은 빗금 두 개를 인터넷 기본 주소에 왜 넣었을까?

"그때는 멋있어 보여서"였대. 처음에 팀은 이 빗금이 사람들을 번거롭게 하리라고는 전혀 생각하지 않았대. 빗금을 넣지 않았다면 사람들의 시간과 프린트 잉크나 종이 등을 아낄 수 있었을 거라나? 그래도 팀이 한 말처럼 빗금이 있으니 뭔가 멋져 보이지 않니?

월드와이드웹은 세계를 연결하는 거미줄로 불릴 뻔했다?

똥 사실은 '그물망'이라는 뜻의 메시Mesh로 불릴 뻔했어. 오, 유명 축구선수 리오넬 메시를 말하는 거 아니야. 팀은 사람들이 메시 대신 '엉망'이라는 뜻의 '메스Mess'라고 부를까 봐 마음을 바꿨대. 내가 발명했다면 '애덤의 엄청나게 놀라운 컴퓨터 혁명'이라고 이름을 붙였을 텐데.

이제 믿음직한 내 로봇 도우미에게 거짓말 탐지기를 켜보라고 할게.

거짓말 탐지기

다음에서 애덤의 맞춤법만큼이나 믿을 수 없는 것은?
내 맞춤법이 믿을 수 없게 완벽하다는 거지? 그렇지?

1. 팀은 빌 게이츠의 먼 친척이다.
2. 팀은 월드와이드웹을 누구나 무료로 이용할 수 있게 했다.
3. 모든 이메일의 절반은 스팸과 정크메일, 쓸모없는 쓰레기다.

정답은 3. 팀은 자기의 개발품인 웹을 20년 동안 프로그래머가 그렇게 많이 사서 썼답. 팀.

> **똑똑한 명언**
> 웹은 그저 기계들만 연결하는 것이 아니라 사람들도 연결한다.

혹시 인터넷이 개들까지도 서로 연결하는 건 아닐까? 지난주에 인터넷 쇼핑몰에서 개 비스킷 2만 개가 왔는데 나는 주문한 적이 없어.

어밀리아 누구하트?

굉장한 아이디어를 떠올리거나 그 아이디어를 발명품으로 다시 만들어내는 일은 참 대단해. 하지만 자신의 생각을 믿고 누가 뭐라든, 어떤 방해물이 끼어들든 끝까지 밀고 나가는 행동도 아주 대단한 일이지. (그렇다고 다른 사람이 하는 이야기를 무조건 안 들으면 곤란해.)

예전에 나도 모두가 말렸지만 연습 끝에 소금과 식초 맛 감자칩으로 완벽한 수프를 만드는 데 성공한 적이 있었어. 나처럼 자신의 생각을 믿고 끝까지 밀어붙인 사람이 또 누가 있을까? 솔직히 이 정도는 맞혀야 하지 않겠니? 바로 앞쪽에 나와 있잖아. 맞았어, 어밀리아 에어하트야!

어밀리아는 1897년에 미국에서 태어났어. 이 시대에는 여자가 해야 하는 일과 하지 말아야 하는 일이 정해져 있었어. 아주 이상하고 어리석은 생각이었지. 시대에 뒤처진 일이기도 했고 말이야. 에이다 러브레이스와 캐서린 존슨도 그런 환경 때문에 힘들어했잖아? 어밀리아가 살던 시대에 여자는 비행사가 될 수 없었나 봐. 어밀리아는 말도 안 된다고 생각했어. 여자는 비행기를 조종할 수 없다는 사람들의 말을 무시하고 보란 듯 많은 기록을 세웠지!

어밀리아의 비행은 남자 비행사들에게도 쉽지 않은 엄청난 도전이었어. 연이은 비행이 성공하자 어밀리아는 '하늘의 여왕'이란 별명도 얻었어.

비행기로 대서양을 가로지른 최초의 여성은? 어밀리아! 비행기로 북아메리카 대륙을 횡단한 최초의 여성은? 어밀리아! 감자칩 수프를 만든 최초의 인간은? 나!

어밀리아는 열 살 때 비행기를 처음 보았어. 그걸 보고 뭐라고 했는지 아니?

1. 멋져! 나도 하늘을 날아서 전 세계를 여행하고 싶어.
2. 윽, 금방이라도 부서질 것처럼 위험해 보이는데. 난 저런 건 절대 안 탈래.

정답은 2번이야. 여자 비행사로 엄청난 기록을 세운 사람이 진짜 저렇게 말했냐고? 응, 맞아. 사람은 언제라도 마음이 바뀔 수 있잖아, 안 그래?

나도 예전에는 피핀이 세상에서 제일 귀여운 강아지라고 생각했는데 지금은 냄새가 나는 말썽꾸러기 강아지라고 생각하듯 말이야. (물론 여전히 귀엽긴 해.)

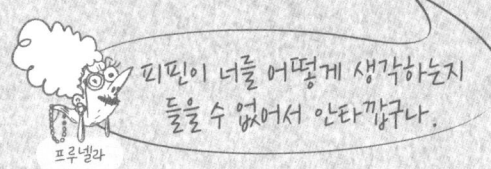

어밀리아가 다니는 학교의 선생님들은 여자가 '해야' 하는 일과 '하지 말아야' 하는 일이 무엇인지 가르쳐주었어. 여자아이들은 얌전해야 하고 피아노 치는 법, 왕자님에게 편지 쓰는 법을 '배워야' 했지. (왕자님에게 편지 쓰는 법이라니? "안녕, 왕자님." 뭐, 이렇게 쓰는 거 아냐?)

어밀리아는 학교에서 가르치는 대로 고분고분 따르는 대신 "됐거든요, 그런 건 하지 않을래요!"라고 말했어. 오히려 나무에 올라타거나 소총으로 쥐를 잡거나 야구 경기를 하는 걸 더 좋아했어. 또 남자들이 하는 일로 성공한 여자가 신문에 나오면 기사를 오려서 공책에 붙여놓았지. 바느질이나 요리보다 승마, 농구, 수학과 발명을 좋아하던 적극적인 소녀의 능력은 자랄수록 더욱 빛을 발했어.

천재의 시간

비행기를 볼 때마다 "절대 안 타!"겠다던 어밀리아에게 변화가 찾아왔어. 에어쇼가 열리는 비행장에서 10분 동안 타본 비행기에 푹 빠지고 만 거야. 얼마만큼 빠졌냐면 비행 훈련을 받고 돈을 모아 자기 비행기를 살 정도였어. 어밀리아가 산 비행기는 작고 노란색을 띠어서 노란 새인 '카나리아'라고 이름을 붙였지. 기다란 갈색 비행기가 아니라서 참 다행이야. 그랬다면 '하늘을 나는 똥'이라고 이름 붙였을지도 모르잖아?

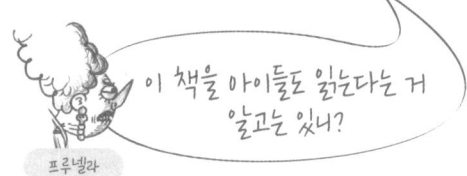

어밀리아의 비행은 쉽지 않았어. 기록에 도전할 때마다 수많은 실패와 한계를 느껴야 했지. 그러는 동안 할머니께 받은 유산도 점점 떨어졌어. 그 유산은 어밀리아가 비행할 수 있게 도와준 돈이었거든. 게다가 눈에 생긴 통증이 점점 심해져

서 여러 번 수술해야 했어. 수많은 어려움이 있었지만 어밀리아는 비행을 포기하지 않았어. 그러던 어느 날, 때를 기다리던 어밀리아에게 마침내 기회가 찾아왔어.

1928년, 미국에서는 유럽 대륙과 아메리카 대륙 사이의 대서양을 건널 여성을 최초로 뽑았어. 누가 뽑혔을까? 맞았어. 우리 프루넬라 고모할머니야.

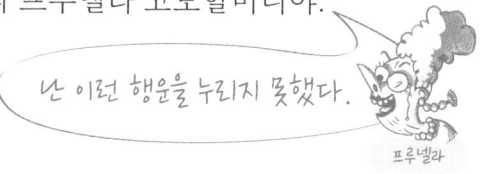

난 이런 행운을 누리지 못했다.
프루넬라

하하, 농담. 프루넬라 고모할머니가 아니라 어밀리아였어.

아쉽게도 어밀리아가 직접 비행기를 조종하지는 못했어. 남자 비행사들이 비행기를 조종하고 어밀리아는 그저 승객이었지. (그 시대 사람들은 여자가 위험한 일을 할 수 없다고 생각했거든.) 비행기를 타긴 했지만 어밀리아는 씁쓸히 이렇게 말했어.

"나는 그저 짐짝이었다. 감자 자루와 다를 게 없었다."

어밀리아는 대서양을 건너는 최초의 여자 비행사가 되고 싶었어. 누구의 도움도 없이 혼자 비행기를 조종해서 말이야. 과연 그 바람은 성공했을까?

강한 바람이 부는 날씨에, 비행기에도 문제가 있었지만 도전한 비행은 성공이었어. 단 한 번도 착륙하지 않고 열네 시간이 걸린 비행이었지. 그것도 첫 번째 여자 비행사로 기록을 세운 거야! 이때부터 어밀리아는 아주 유명해졌어. 미국 국회에서 주는 상도 받고 동료들도 실력을 인정하는 최고의 비행사가 된 거야.

어밀리아는 대서양을 건넌 최초의 여자 비행사라는 기록 외에도 엄청난 일들을 더 해냈어. 여성 최초로 북아메리카 대륙을 가로질러 비행한 뒤 다시 출발지로 돌아오기도 했어. 또 혼자

하와이까지 비행하기도 했지. 알로하, 어밀리아! (하와이 말로 '알로하'는 '안녕'이라는 뜻이야. 거기는 조금 어려운 말을 쓴다니까.)

어밀리아는 놀라운 비행 기록을 끊임없이 세우고 도전을 멈추지 않았어. 이런 도전과 성공은 경제가 어려워서 지쳐 있던 사람들에게 희망과 용기를 주었어. 당시에 태어난 여자아이의 이름을 '어밀리아'로 짓는 유행이 있었다고 하니 진짜 대단하지? (내가 그때 여자아이로 태어났다면 애덤 케이가 아니라 어밀리아 케이였을지도.)

이후 어밀리아는 비행기로 무려 4만 7000킬로미터를 비행하는 세계 일주를 계획했어. 그러고는 1937년에 '일렉트라'라는 새 비행기로 비행을 떠났지. 어밀리아가 기대했던 세계 일주는 불행하게 끝났어.

세계를 3분의 2쯤 돌았을 때…… 어밀리아의 비행기가 사라졌지 뭐야? 어밀리아는 마지막으로 이런 메시지를 보냈어.
"위치는 알 수 없다. 연료가 떨어져 가는데 땅이 보이지 않는다."

미국 대통령은 많은 사람을 보내 어밀리아를 찾으려고 노력했어. 슬프게도 어밀리아와 비행기 일렉트라 모두 끝내 발견하지 못했지.

이야기는 슬프게 끝났지만 어밀리아는 대단한 사람이야. 그 정신 또한 오늘날까지 살아 숨 쉬고 있어. 제2의 어밀리아를 꿈꾸며 남자들이 하는 일을 하고 싶어 하던 여자들이 점점 늘어났거든.

어밀리아는 여자 비행사 단체 나인티나인스Ninety-Nines를 세우기도 했어(회원이 99명이라서 99라는 뜻의 이름을 붙였지). 이 단체는 지금도 있는데 이제는 회원이 수천 명으로 늘어났대.

참일까 똥일까?

1932년, 대서양을 건넌 뒤 착륙한 어밀리아를 본 사람은 이렇게 말을 건넸다. "혹시 외계인인가요?"

똥 어밀리아는 젖소 농장에 착륙했어. 그러니까 처음 들은 말은 '음메'가 아니었을까? 걸어가던 어밀리아에게 소 젖을 짜던 남자는 이렇게 물었어.
"어디에서 오셨나요?"
남자는 어밀리아가 지구 반 바퀴를 날아왔다는 사실을 몰랐을 거야.

2014년, 어밀리아는 엔진이 하나뿐인 비행기로 세계 일주를 한 최초의 여성이었다?

참 어밀리아는 1897년에 태어났으니까 2014년까지 살았다면 117세였을 거야. 게다가 어밀리아는 비행기와 함께 사라졌다고 했잖아? 이 이야기의 진실은 무엇일까? 사실은 어밀리아 에어하트라는 사람이 또 있었어. 이름이 슈퍼스타 어밀리아와 똑같다는 것을 깨닫고 비행을 배우기로 결심한 다른 사람이었지.

이제 말 잘 듣는 내 로봇 도우미에게 거짓말 탐지기를 켜보라고 할게.

거짓말 탐지기

다음에서 애덤의 운전 실력만큼 형편없는 것은? 형편없기는! 운전하다 교통사고를 딱 두 번밖에 안 냈거든(이번 주에만)?

1. 어밀리아는 자전거를 타기도 전에 비행기 조종을 배웠다.
2. 어릴 때 어밀리아는 롤러코스터를 만들었다.
3. 어밀리아는 비행사인 동시에 패션디자이너이기도 하다.

정답은 1. 자동차를 운전하기 전에 비행기 조종을 먼저 배웠지. 그리고 어렸을 때 롤러코스터를 만들었답니다. 마지막으로 비행사지만 패션은 관심이 없었습니다.

똑똑한 명언

모험은 그 자체로 가치 있는 일이다.

● 모험에 다른 이유는 필요 없다는 뜻이야. 그냥 하면 돼! 그렇다고 낡은 자동차 문
● 짝을 뗏목 삼아 일본까지 가려는 무모한 짓은 안 돼!

자나키 누구?

식물은 정말 멋지지 않니? 어느 곳에서든 풍경을 아름답게 가꾸어 주잖아. 너희 학교 앞의 나무도 그렇고 집 앞 거리의 덤불도 그래. 우리 집 마당의 꽃들은 예외지만. (피핀이 오줌을 싸는 바람에 죽어 버렸거든. 대체 얼마나 지독한 오줌을 싼 거야?) 그런데 식물은 우리에게 깨끗한 공기와 음식, 심지어 약과 옷을 내주는 소중한 존재야. 식물이 없다면 인간은 살아갈 수 없을 거야.

자나키 암말은 주변의 식물들이 얼마나 소중한지 오래전에 깨달은 사람이야. 그리고 조국인 인도 사람들이 굶주리는 것을 막기 위해 힘껏 연구하기도 했지. 그 결과 서로 다른 식물을 접붙여서 쓸모 있는 식물 종들을 새로이 만들기도 했어. (내가 비너스똥파리수선화를 만든 것처럼 말이야.)

1897년에 인도에서 태어난 자나키에게는 남자 형제가 여섯, 여자 형제가 다섯이나 있었어. 식구들이 그렇게 많으면 생일을 어떻게 다 외울까?

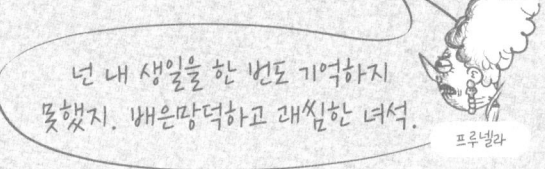

넌 내 생일을 한 번도 기억하지 못했지. 배은망덕하고 괘씸한 녀석.
프루넬라

그 시절 인도에서 글을 배운 여자는 100명 중 한 명이 될까 말까였어. 사람들은 남자만 글을 배우면 된다고 생각했거든. 자나키는 이런 어처구니없는 생각은 무시하고 학교에 나갔지(인도에서도 여자들은 공부도 일도 할 수 없었구나).

자나키가 나고 자란 집에는 아름다운 정원이 있었어. 이

곳에는 특이한 식물들이 가득했어. (피핀의 조상의 조상의 조상의 조상의 조상쯤 되는 반려견이 자나키의 집 식물들에게는 오줌을 누지 않은 모양이야. 정말 다행이지?)

조금 더 자랐을 때 자나키는 식물을 공부하고 싶어 했어. 하지만 부모님은 얌전히 집안일이나 배워서 좋은 사람과 결혼하라고 했어. 자나키는 뭐라고 말했을까?
"싫어요. 싫다고요. 절대 안 해요!"

이렇게 우기고 버티다가 대학으로 떠났어(집에서 끊임없이 잔소리한다면 난 못 버텼을 텐데. 자나키는 정말 대단해). 그 뒤 자나키의 모험이 시작되었지.

천재의 시간

대학에서 자나키는 식물학을 공부했어. 과학자들은 가끔 똑똑해보이기 위해서 식물이나 동물에 어려운 이름을 붙이는 것 같아. 엉덩이의 틈새도 '볼기 사이'라는 이상한 이름으로 부르는 것 좀 봐. 이 정도면 나도 똑똑해 보이려나?

> 내가 뭐라고 대답할지는 잘 알고 있겠지?
> 프루넬라

자나키가 살던 시대의 인도 사람들은 설탕(사탕수수로 만들어진다는 거 아니?) 때문에 고민하고 있었어. 인도에서 키우는 사탕수수가 달지 않아서 차와 케이크가 영 맛이 없었거든. 다른 나라에서 먹는 질 좋고 달콤한 사탕수수는 인도의 뜨거운 기후에서는 잘 자라지 않았어. 인도는 다른 나라에서 많은 양의 설탕을 사들여야 했지. 하지만 값이 엄청나게 비싸고 들여오는 과정도 몹시 불편했어.

자나키는 이 문제를 해결하기로 마음먹었어. 달콤할 뿐만 아니라 뜨거운 기후에서도 잘 자라는 새로운 사탕수수를 만들어서 말이지. 오랜 시간 동안 실험하고 연구해서 사탕수수를 키운 끝에…… 짜잔! 자나키는 마침내 성공했어. 그 덕분에 인도는 설탕을 사오는 데 드는 많은 돈을 아낄 수 있었지.

그 후에도 자나키는 새로운 식물을 많이 만들었어. 목련을 포함해 여러 꽃을 만들고 가지(우리가 먹는 그 가지 맞아)도 다양한 종을 만들었지. 혹시라도 목련 가지 샌드위치를 먹게 된다면 자나키 덕분이라는 걸 기억하렴.

살다 보면 가끔씩 일어나는 놀라운 우연이 너한테도 생긴 적 있니? 아이스크림이 너무 먹고 싶은데 때마침 아이스크림 차가 왔다거나? 그 아이스크림 차가 갑자기 집을 들이받았다거나? 그래서 거실 바닥에 바닐라 초콜릿칩 아이스크림이 엄청나게 쏟아지는 것처럼 말도 안 되는 우연들 말이야. 자나키에게도 그런 믿을 수 없는 우연이 일어났어.

어느 날 비행기에 탄 자나키는 옆 사람과 수다를 떨었어. 알고 보니 그 사람이 인도의 총리였지 뭐야?

총리는 심한 스트레스에 시달리고 있었어. 식량이 부족한 탓에 많은 사람이 죽어가고 있었거든. 자신을 식물 전문가라고 소개한 자나키는 그 문제를 해결할 수 있도록 돕겠다고 제안했어. 총리는 이렇게 말했지. "와, 그거 좋네요." (정확히 뭐라고 했는지는 나도 잘 몰라. 아마 이와 비슷하게 말했을 거야.)
자나키는 이 문제를 해결했을까? 힌트, 자나키는 『닥터 K의 엉터리 두뇌 실험실』이 아니라 『닥터 K의 찐천재 실험실』이라는 책에 실렸어!

자나키는 기발한 아이디어로 굶주리던 수많은 인도 사람을 구하는 기적을 일으켰어.

참일까 똥일까?

자나키는 공주라고 거짓말해서 미국에 입국했다?

[참] 해외여행을 한 적이 있니? 비행기에서 내려 쭉 줄을 서면 그 나라 사람이 여권을 검사해. 다른 나라에 들어가기 위해 네가 위험한 사람이 아니라거나, 심각한 범죄를 저지른 사람이 아님을 확인하는 거지. 자나키는 대학 공부를 하러 간 미국에서 입국할 수 없다는 이야기를 들었어. 그런데 자나키가 입은 아름다운 비단옷을 보고 사람들이 혹시 공주냐고 물었지. 역시 찐천재들은 다르긴 달라. 자나키는 당황하지 않고 공주가 맞다며 거짓말했어. 놀랍게도 그곳 사람들은 자나키를 진짜 공주라고 믿고 들여보내 주었어! (지금도 이런 방법이 통할지는 모르겠다. 그러니까 외국에 갈 때는 꼭 여권을 챙기고 수상하게 보이지 않도록 주의할 것!)

자나키는 가지의 한 종류에 자신의 이름을 붙였다?

[참] 당연히 그랬지! 자기가 만들었다면 이름을 붙여야 하지 않겠니? 나도 내가 쓴 책에는 항상 내 이름을 넣거든. 그런데 미국에서는 왜 가지를 '에그플랜트'라고 부르는지 아니? 난 알아. 너도 왜인지 알고 싶다고? 알았어, 이야기해주지.

에그플랜트eggplant는 '알 식물'이라는 뜻이야. 너도 알다시피 가지는 전혀 알처럼 생기지 않았어. (너희 집에 있는 알이 크고 길쭉한 모양에 보라색이라면 잠깐 멈춰! 혹시라도 용의 알인지 확인해야 할지도 몰라!) 그런데 처음 미국에 들어온 가지는 훨씬 더 작고 둥근 모양에 흰색이었어. 진짜 알처럼 말이야. 이제 왜 가지가 에그플랜트인지 알겠지? 참고로 인도에서는 가지를 '브린절brinjal'이라고 불러.

크리스천 누구드?

지금 세계에서 가장 유명한 사람은 누구일까? BTS? 비욘세? 영국의 찰스 왕? 나? 나 아니면 찰스 왕이겠지, 아무렴. 지금으로부터 약 50년 전에 가장 유명했던 사람은 '크리스천 버나드'라는 의사였어.

남아프리카공화국 출신의 외과의사였던 크리스천은 엄청난 심장 수술 방법을 생각해낸 사람이야. 많은 사람이 그의 수술법은 실패할 거라고 믿었어. 놀랍게도 크리스천이 시도한 수술은 멋지게 성공했어. 그의 활약 덕분에 오늘날에는 해마다 수천 명이 다시 새 생명을 얻어 살아가고 있단다.

대체 그가 성공한 수술법이 무엇이냐고? 심장이 아픈 환자에게 새로운 심장을 바꾸어 넣는 수술법이었어. 물론 다른 사람에게서 가져온 건강한 심장으로 말이지(아, 살아 있는 사람에게서 가져온 심장은 아니니 걱정하지 마!). 그랬더니…… 심장이 기적처럼 다시 뛰면서 환자도 건강을 되찾은 거야! 다른 사람의 심장이 내 몸에서 뛰다니 어떻게 이런 일이 있을 수 있지? 이 굉장한 수술은 떼어낸 심장을 옮겨 붙인다 하여 '심장이식술'이라고 불러. 이 수술법 덕분에 크리스천은 세계적인 슈퍼스타가 됐지. 그럴 만하지 않니?

크리스천은 남아프리카공화국의 작은 마을 보퍼트웨스트에서 태어났어. 목사인 아버지와 어머니, 네 형제들과 함께 살았지. 크리스천은 어릴 때부터 의사가 되고 싶어 했지만 사람들은 이룰 수 없는 꿈이라고 생각했어. 가정 형편이 넉넉하지 않았거든. 가난한 환경이었지만 어머니는 크리스천과 다른 형제들이 꿈을 갖고 자랄 수 있도록 언제나 격려했어. 그래서 그는 어머니에게 감사하는 마음을 늘 잊지 않았어.

"어머니께서는 나와 형제들에게 마음먹은 것은 무엇이든 할 수 있다는 믿음을 심어주셨습니다."

크리스천이 아직 어렸을 때야. 그의 형제 중 한 명이 심장에 병이 생겨서 어린 나이에 세상을 떠나고 말았어. 이 때문이었는지 크리스천은 의사가 되겠다는 꿈을 가졌지. 학교에 다니면서 돈을 벌기 위해 여러 가지 일을 가리지 않고 했어. 정원사로 일하기도 하고 세차를 하기도 했지. (집 형편이 좋지 않으면 꿈을 포기할 법도 한데 정말 대단하고 대견해, 크리스천!) 학교 선생님들은 크리스천이 의사가 될 만큼 똑똑하지 않다며 신경 쓰지 않았지만 말이야. 흥, 무례한 선생님들 같으니라고!

크리스천은 열심히 공부하고 또 공부해서 케이프타운에 있는 의학대학에 들어갔어. (솔직히 말하면 크리스천이 심장 이식 수술에 성공했을 때 학교 선생님들을 일일이 찾아가서 메롱 하고 약을 올려줬다면 더 좋았을 것 같아.)

천재의 시간

크리스천은 처음 의사가 되었을 때 심장에 별로 관심이 없었어. 누가 심장에 관심을 갖겠니? 질척질척하고 피가 가득 들어있는 데다가 울퉁불퉁한 모양도 징그럽고 이상하잖아! 심장보다는…… 창자에 더 관심을 보였지. (윽! 창자는 심장보다 끔찍한데! 심장처럼 물기가 많고 똥이 가득 들어있잖아. 똥을 좋아하는 친구들이라면 또 다르려나?)

크리스천은 창자를 수술하는 새로운 방법을 꾸준히 생각해냈어. 끈질긴 연구 덕분에 창자에 심각한 병을 앓는 아기들의 목숨을 여럿 구할 수 있었지. 미국 의사들은 이 수술 방법에 감탄해서 크리스천에게 머나먼 미국까지 와 달라고 부탁했어.

크리스천은 심장을 수술하는 장면을 미국에서 처음 보았어. 지나가던 길거리에서 본 게 아니라 병원에서 다른 의사들이 심장을 수술하는 모습을 봤다는 이야기야.

그때 크리스천은 심장 수술에 무척 흥미를 느꼈어. 그뿐만 아니라, 새 심장이 필요한 사람에게 다른 사람의 심장을 넣어줄 수도 있지 않을까 고민했지. 나도 예전에 누군가의 엉덩이를 보고 냉장고로 바꿔서 쓸 수 없을까 생각한 적이 있었어. 어때, 이동식 엉덩이 냉장고, 멋지지 않아?

주변 사람들은 모두 이런 생각을 한 그가 제정신이 아니라고 여겼어. 크리스천은 누가 뭐라든 많은 환자를 살릴 수술법이라고 굳게 믿었지……. 이 수술법을 계속 이야기하기 전에 잠깐만. 피핀 좀 내보내고 올게.
"피핀! 마당으로 나가, 어서! 마당에 다람쥐가 있으니까 거기 가서 실컷 짖고 와!"

딴 이야기를 해서 미안. 사실은 크리스천이 심장을 이식하는 수술을 연구하면서 다른 문제들은 없을지 개들에게 실험해 보곤 했거든.

얼마 후인 1967년 12월, 크리스천은 사람에게 처음으로 심장 이식 수술을 했어. 수술을 받은 사람은 심장이 제대로 움직이지 않는 루이스 워시칸스키라는 환자였어. 루이스에게는 교통사고로 세상을 떠난 사람의 심장이 준비되어 있었어.

마침내 심장을 이식할 시간. 이미 예전부터 심장을 이식한다는 이론은 있었어. 하지만 이를 실현한 사람은 크리스천이 처음이었지. 이 수술은 의사만 서른 명이 함께한 엄청난 수술이었어. 수술 시간만 무려 여섯 시간이 걸렸다니까? 여섯 시간이라니. 내가 공연할 때 사람들이 잘한다고 손뼉을 쳐준 시간과 비슷하네.

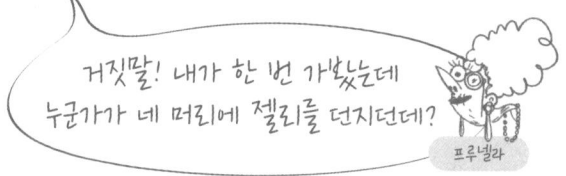

거짓말! 내가 한 번 가봤는데 누군가가 네 머리에 젤리를 던지던데?

프루넬라

첫 수술을 성공하면서(수술받은 환자는 더욱 건강해졌지) 크리스천은 세계적으로 유명해졌어. 얼마나 유명해졌냐고? 그가 수술할 때 끼었던 피에 젖은 장갑을 사고 싶어 하는 사람도 있을 정도였지(수술이 끝나자마자 그 장갑을 쓰레기통에 버렸지만 말이야).

또 크리스천의 수술 장면을 찍은 사진을 100만 달러에 사겠다는 사람도 있었어(아쉽게도 크리스천은 수술 장면을 찍지 않았어. 엄청 바빴을 테고 환자의 대동맥을 만지면서 카메라를 들고 있기는 쉽지 않았을 거야. 심장 이식 수술과 대동맥,

그 밖에 신체에 관한 흥미로운 사실들을 알고 싶다면 『닥터 K의 이상한 해부학 실험실』을 읽어보도록!).

그 책도 쓰레기거든.
프루넬라

어쨌든 크리스천 덕분에 5만 명이 넘는 사람이 새 심장을 얻어 건강해졌어. 오늘날에는 이식 기술이 더욱 발달해 심장뿐만 아니라 간과 폐, 얼굴, 손까지 온갖 신체 기관을 이식할 수 있어. 크리스천이 아니었다면 건강한 장기를 교체하지 못해 괴로워하는 환자가 많았을 거야.

참일까 똥일까?

크리스천은 일흔여덟 살까지 심장 이식 수술을 했다?

똥 크리스천은 '류마티스 관절염'이라는 병을 앓았어. 이 병에 걸리면 마디가 붓고 너무 아파서 손가락을 제대로 쓰기 어려워. 당연히 완벽한 수술은 할 수 없었어(심장 이식은 다른 수술들보다 특히 꼼꼼해야 해). 크리스천은 직접 수술하지는 못했지만 교수로 일했어. 그러면서 다른 의사들을 가르쳤지.

크리스천은 콘플레이크 광고를 했다?

참 많은 회사에서는 심장 이식 수술로 유명해진 크리스천을 광고에 넣고 싶었어. 아침 식사용 시리얼과 자동차 엔진 오일, 노화 방지 크림 같은 광고에 말이야. (잠깐, 그 크림은 아무리 발라도 소용없어. 안타깝네요, 프루넬라 고모할머니.)

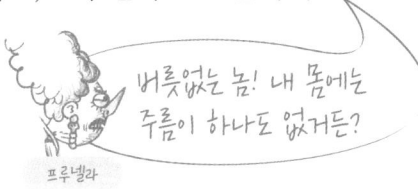

유명한 의사인 나도 엉덩이 크림 광고를 하고 있어. 이런 광고 본 적 없어?

"엉덩이에 바르면 뾰루지가 사라져요."

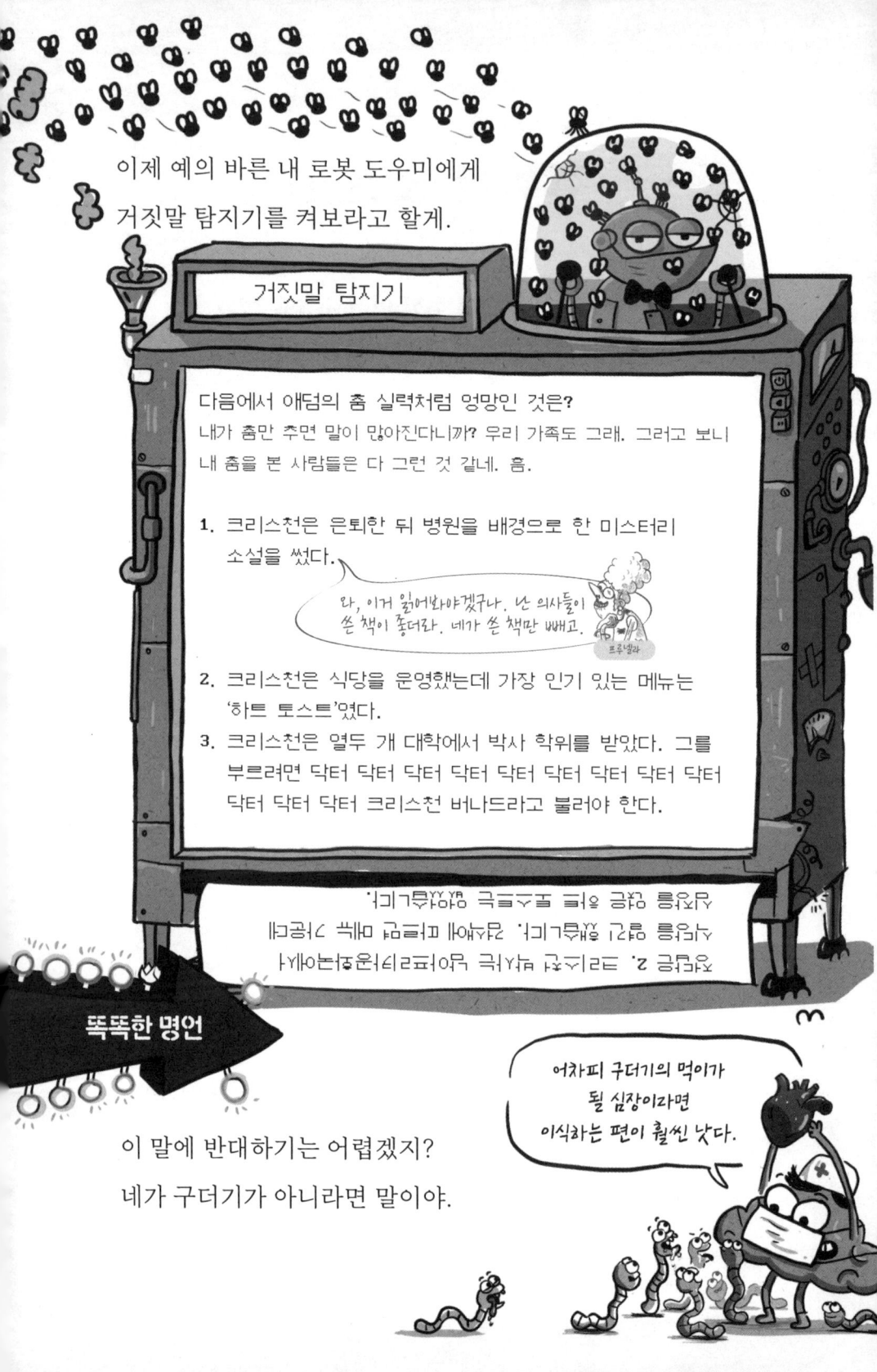

이 책을 읽은 너도 틀림없이 멋진 일을 해낼 수 있어. 마지막 장에는 너를 위한 자리를 마련했단다. 나중에 세상을 바꾸는 일을 하게 되면 잊지 말고 빈칸을 채워 봐. 몇 개는 지금도 채울 수 있을 거야.

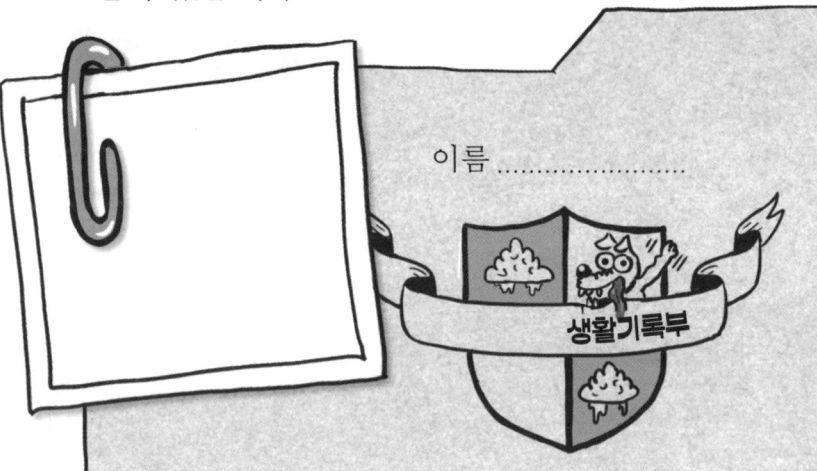

.................(이름)은/는 ....(출생 연도)에 태어났으며 ....(태어난 곳)에서 가장 큰/가장 작은/가장 냄새나는/가장 시끄러운(하나를 골라) 아기였다.

학교에서 ....(이름)이/가 가장 좋아하는 과목은 국어/수학/영어/풍선 동물 만들기/과학/방귀 뀌기/체육/미술이었고 어릴 때부터 ....(이름)은/는 아주 유명한 발명가/예술가/환경운동가/컴퓨터공학자/방귀쟁이/운동선수/.........................(기타)이/가 될 거라고 누구나 예상할 수 있었다.

천재의 시간

.................(이름)은/는 ....(숫자)년 동안 쉬지 않고 열심히 발명을/트림을/방귀 뀌기를/잠자기를/운동을/생각하기를 한 끝에 노벨상을 열 번 탔으며 나라에서는 ....(도시)에 그의 이름을 붙였다.

이제 아래의 두뇌에 네 얼굴을 그려보렴.

닥터 K의 찐천재 실험실

감사의 말

루스(편집자), 캐스(저작권 담당자), 헨리(삽화가), 피핀(개), 프루넬라 고모할머니(고모할머니)에게 감사합니다.

이런 책을 낼 수 있다니 제게는 큰 행운입니다.

이 책을 즐겁게 읽었다면 수없이 많은 다른 책도 골라서 읽어 보세요! (이 책만큼 좋은 책도 있으니까요.) 동네 도서관이나 학교 도서관, 서점에 가봐도 좋겠네요.

1 어쩐지 여름이면 특히 더 생각날 듯한 사람이야.
이 사람은 누굴까? 너희를 위해 힌트를 주지.

ㅁ ㄹ ㅇ
ㅌ ㅋ ㅅ

1. 헝가리 출신의 과학자이다.
2. 태양의 여왕이 별명이다.
3. 태양열을 이용하는 주택과 오븐 등을 만들었다.

2 영화배우 크리스천 베일과 이름이 비슷하잖아?
그보다 더 엄청난 슈퍼스타인 이 사람이 누구인지 맞혀보도록!

ㅋ ㄹ ㅅ ㅊ
ㅂ ㄴ ㄷ

1. 남아프리카공화국 출신의 외과의사이다.
2. 가정 형편이 어려웠지만 열심히 일하고 공부해 의대에 들어갔다.
3. 최초로 심장 이식 수술을 성공했다.

3. 소개한 찐천재 열 명에서 가장 나이가 어릴걸? 말보다 행동으로 변화를 이끈 이 사람은?

ㄱ ㄹ ㅌ
ㅌ ㅂ ㄹ

1. 스웨덴 출신의 환경운동가이다.
2. 15세에 기후를 위한 시위를 시작했다.
3. 전 세계에서 일어난 미래를 위한 금요일 시위를 이끌어냈다.

4. 식물의 소중함을 다시금 깨닫게 해준 사람이야. 이 사람이 없었다면 지금쯤 인도는? 어휴, 생각도 하기 싫어.

ㅈ ㄴ ㅋ
ㅇ ㅁ

1. 인도 출신의 식물학자이다.
2. 인도에서 잘 자라는 사탕수수를 만들었다.
3. 총리를 만난 뒤 인도의 식량 문제를 해결했다.

5

태양의 여왕이 있다면 하늘의 여왕도 있지!
엄청난 모험심으로 사람들에게 용기와 희망을 준 이 사람은?

1. 미국 출신의 비행사이다.
2. 요리나 바느질보다 수학, 과학, 승마를 좋아했다.
3. 여자 비행사 최초로 대서양 비행에 성공했다.

6

20세기 과학에서 이 사람을 빼고는 이야기할 수 없어.
혀를 쏙 내민 우스꽝스러운 사진은 너도 본 적 있을걸?

1. 독일 출신의 과학자이다.
2. 기억력과 언어 능력은 부족했다.
3. 물리학과 우주 과학 발전에 큰 도움을 주었다.

7

대단한 계산 능력으로 '인간 계산기'라 불렸던 이 사람은?
얼굴이 진짜 계산기는 아니야!

ㅋ ㅅ ㄹ ㅈ ㅅ

1. 미국 출신의 흑인 수학자이다.
2. 흑인이라는 이유로 갖은 차별을 받았다.
3. 미국항공우주국에서 우주 비행선의 경로 계산을 맡았다.

8

사고를 안 치면 온몸이 근질근질!
수많은 발명을 한 만큼 수많은 실패를 겪은 사람이기도 하지.

ㅌ ㅁ ㅅ
ㅇ ㄷ ㅅ

1. 미국 출신의 발명가 겸 기업가이다.
2. 학교에 다니는 대신 돈을 벌며 실험실을 열었다.
3. 전구, 축음기, 축전지 등의 발명품으로 발명왕이 되었다.

9

언어도, 수학도 잘하는 만능 인재 겸 엄친딸의 원조!
뛰어난 능력을 믿고 도박에도 손을 댄 이 사람은?

ㅇ ㅇ ㄷ
ㄹ ㅂ ㄹ ㅇ ㅅ

1. 영국 출신의 수학자이다.
2. 유명한 시인 바이런의 딸이자 백작부인이다.
3. 컴퓨터 명령문을 만든 최초의 프로그래머였다.

10

기차 덕후가 컴퓨터 덕후로!
이 사람이 없었다면 인터넷을 자유롭게 쓸 수 없었을걸?

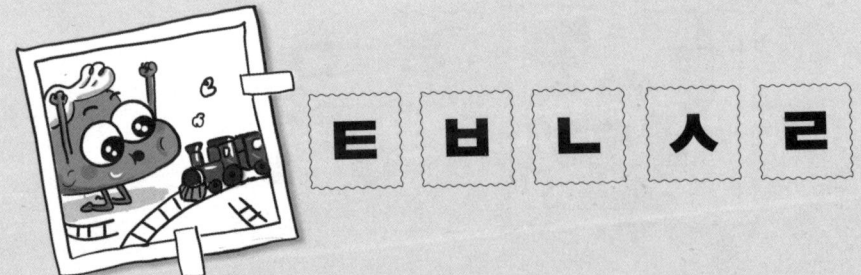

ㅌ ㅂ ㄴ ㅅ ㄹ

1. 영국 출신의 과학기술자이다.
2. 세계를 잇는 인터넷망 월드와이드웹을 만들었다.
3. 웹을 만든 공으로 훈장과 기사 작위를 받았다.

정답공개

1.  마 리 아 텔 케 스

2.  크 리 스 천 버 나 드

3.  그 레 타 툰 베 리

4.  자 나 키 암 말

5. 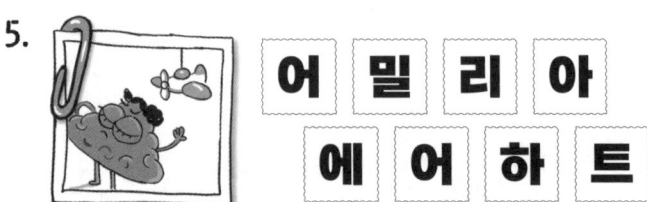 어밀리아 에어하트

6.  알베르트 아인슈타인

7.  캐서린 존슨

8.  토머스 에디슨

9.

| 에 | 이 | 다 |
| 러 | 브 | 레 | 이 | 스 |

10.

| 팀 | 버 | 너 | 스 | 리 |

옮긴이 박아람

전문 번역가로 활동하고 있습니다. 주로 문학을 번역하며 KBS 더빙 번역 작가로도 활동했습니다. 『마션』, 『이카보그』, 『신들의 양식은 어떻게 세상에 왔나』, 『아이 러브 딕』, 『요크』, 『맨디블 가족』, 『해리 포터와 저주받은 아이』, 『12월 10일』, 『프랑켄슈타인』 등의 소설 외에도 『닥터 K의 이상한 해부학 실험실』, 『작가의 시작』과 『빙하여 안녕』을 비롯하여 70권이 넘는 다양한 분야의 영미 도서를 번역했습니다. 2018 GKL 문학번역상 최우수상을 수상했습니다.

닥터 K의 찐천재 실험실
바보인 줄 알았는데 천재로 밝혀진 두뇌 대탐험

펴낸날 초판 1쇄 2024년 2월 2일

지은이 애덤 케이

그린이 헨리 패커

옮긴이 박아람

펴낸이 이주애, 홍영완

편집장 최혜리

편집 한수정, 양혜영, 문주영, 박효주, 장종철, 김하영, 홍은비, 강민우, 김혜원, 이정미, 이소연

디자인 박소현, 김주연, 기조숙, 윤소정, 박정원

마케팅 김태윤, 김민준

홍보 김철, 정혜인, 김준영

해외기획 정미현

경영지원 박소현

펴낸곳 (주)윌북 **출판등록** 제2006-000017호

주소 10881 경기도 파주시 광인사길 217

전화 031-955-3777 **팩스** 031-955-3778

홈페이지 willbookspub.com

블로그 blog.naver.com/willbooks **포스트** post.naver.com/willbooks

트위터 @onwillbooks **인스타그램** @willbooks_pub

ISBN 979-11-5581-693-6 73400

- 책값은 뒤표지에 있습니다.
- 잘못 만들어진 책은 구입하신 서점에서 바꿔드립니다.
- 이 책의 내용은 저작권자의 허가 없이 AI 트레이닝에 사용할 수 없습니다.

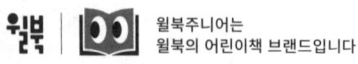

윌북주니어는
윌북의 어린이책 브랜드입니다

닥터 K 시리즈

뼈 반, 살 반, 근육 많이!
좀 징그럽고 많이 웃긴 우리 몸 탐험서

닥터 K의 이상한 해부학 실험실

애덤 케이 쓰고
헨리 패커 그림
박아람 옮김
남궁인 감수

1권
피부, 심장, 혈액,
폐, 뇌, 털과 손발톱,
눈과 귀와 입과 코

2권
뼈, 근육, 소화관,
신장과 간,
생식, 삶과 죽음, 미생물

미래의 진료실 후배들을
위한 책
_남궁인(응급의학과 전문의)

· 코딱지는 먹어도 괜찮을까? · 아침에 입 냄새는 왜 날까?
　· 머리카락이나 손발톱은 잘라도 왜 안 아플까?
　　· 똥은 왜 갈색일까? · 키는 잘 크다가 왜 멈출까?

영국에서 가장 유명한 의사 K가 쓴 웃음 터지는 해부학 이야기

이상하지만 재미있는
해부학 실험실로 놀러와!

닥터 K 시리즈

먼 옛날부터 오늘날까지 살아남기 위해
인류가 선택한 결정적 순간들

닥터 K의 오싹한 의학 미스터리

애덤 케이 쓰고
헨리 패커 그림
박아람 옮김

**인류 VS 바이러스!
죽음과 싸워온 인류의
피 튀기는 대결**

**의사 출신 베스트셀러 작가
애덤 케이와 떠나는
미치도록 웃긴
의학 역사 대탐험**

· 오줌으로 왜 입을 헹궜을까? · 쥐 시체를 왜 입에 넣었을까?
· 주문을 외워 병을 낫게 했다고? · 해골을 하룻밤 안고 자게 한 이유는?

먼 옛날 있었던 오싹하고 지독한 치료법은 모두 진짜일까?

토 나오고 무시무시한 치료법이 펼쳐지는 과거로 여행을 떠나보자!